천 개의 권력과 일상

크로스 크리틱 03

천 개의 권력과 일상

사공일 지음

산지니

차례

* 일러두기

쉬어가기 코너는 들뢰즈와 명령어에 관해 수업을 한 후 학생들에게 감상문 형식의 글을 써 오라는 과제를 내주었는데, 그중에서 괜찮은 글을 수정 편집하여 수록하였다.

질 들뢰즈의 사건 개념이 있다. 그의 사건 개념은 일상적으로 일어나는 일과는 다른 특별한 일 혹은 사회적으로 관심을 끌 만한 일을 의미하지 않는다. 그에게서 사건은 의미 그 자체이다. 사건은 계열화를 통해 의미가 발생하는 것이다. 이는 축구를 통해 쉽게 설명된다. 공격수가 공을 세게 차는 하나의 사건이 발생한다. 이 공 차는 사건은 다른 사건과의 접속 혹은 계열화를 통해 같은 팀 선수에게 건네주는 패스도 될 수 있고, 상대팀 골대로 향하는 슈팅도 될 수 있다. 또한 골문으로 들어간 공은 심판과 사건의 계열화를 통해 골이 되기도 하고, 오프사이드처럼 노골이 되기도 한다. 사건이 계열화를 통해 새로운 의미가 생성되는 일은 일상에서도 흔히 발견된다. 자장면은 우리가 쉽게 먹는 중국음식점 요리다. 그런데 자장면이 배고픈 사람에게 사건이 계열화되면 그것은 최고의 음식이 되지만, 배부른 사람에게 계열화되면 그것은 단지 쓰레기가 되기 직전의 음식일 뿐이다. 이러한 사건 개념은 일상에서 사람들에게 인생의 새로운 의미를 부여하기도 한다. 물론 나의 삶에서도 몇 가지 사건이 그러하였다.

학창시절을 생각해보면 나는 수학을 좋아했다. 그래서 수학을 더 중요하게 여기는 이과를 선택했고, 가족들의 권고로 취업을 안정하게 보장하는 공대에 입학했다. 대학을 입학한 후 동아리 활동을 반드시 해보라는 고등학교 친구들의 권유로 우연히 경희극회를 가입하게 되었다. 원래 여러 동아리를 돌아보다가 마음에 드는 곳을 선택하려고 생각했다. 이러한 생각이 연극반 문을 처음 들어간 후 바로 사라졌다. 연극반 선배들이 부산에서 올라온 나를 너무도 친절하고 살갑게 대해주었기 때문이다. 또한 연극반 선배들의 술자리 모임에 자주 갔는데, 이 술자리에서 만난 여러 인상이 너무 강한 흔적으로 나에게 새겨져, 다른 동아리에는 가보지도 못하고 연극반을 선택하였다. 술자리에서 선배들은 대학생활에 도움이 되는 좋은 이야기를 해주었고, 연극과 예술에 대해 열띤 토론도 했다. 선배들의 토론 분위기가 나에게 조금은 충격으로 다가왔는데, 그것은 내가 처음 느껴본 대학문화의 열정과 순수함이었다.

새로운 의미가 생성된다는 들뢰즈의 사건 개념처럼, 연극반 가입이라는 사건은 나에게 인생의 새로운 의미를 부여했다. 그 사건이 공학적 사유와 인문학적 사유를 교차시켰기 때문에 나의 인생은 변곡점을 경험했다. 대학을 다니면서 연극반 생활을 열심히 했다. 조명보조와 조명, 조연출, 조연배우, 그리고 연출과 주연배우 등 다양한 역할을 수행하면서 여덟 번의 공연에 참여했다. 하지만 연극에 대한 열정이 동아리로서의 연극반의 한계를 넘어설 수는 없었기에 전문적으로 연극 공부를 하고 싶다는 생각을 하기도 했다. 이런 생각이 4년간 무의식 속에 잠재되어 있었지만 하나의 행위로서 현실화되지는 않았다. 일반적인 사건의 계열화를 따르며,

여타 대학생들처럼 취업을 했고 부산에 있는 화학 관련 회사의 연구소에 입사했다.

회사 생활 동안 무의식 속에 잠재되어 있던 연극에 대한 생각이 한 번씩 표출되다가 실행에 옮기게 된 것은 2년 차에 가까워지던 때였다. 정확히 21개월 된 후 회사를 그만두고 대학원에 입학해 영문학 희곡비평에 대한 공부를 시작했다. 대학원을 입학한 후 비평이론을 공부하면서 들뢰즈를 처음으로 조우했다. 2000년 당시 국내에는 들뢰즈에 대한 연구가 초기 단계라서 한글로 된 다양한 책이 없었기에, 들뢰즈 이론이 상당히 난해했다. 하지만 들뢰즈 이론은 지적 호기심에 목말라 있던 나의 텅 빈 머리를 조금씩 채워주는 역할을 하면서, 세상을 차이와 생성의 관점에서 바라볼 수 있게 해주었다. 들뢰즈와의 만남은 대학 연극반이 20대의 삶에서 중요한 역할을 한 것처럼 나에게 또 다른 하나의 중대한 사건이었다. 그와의 만남은 나의 인생에서 새로운 의미가 생성된 사건이자, 인생의 변곡점이었다. 물론 그 사건을 통해 학문의 방향성이 일관성을 가질 수 있게 되었다.

들뢰즈와의 접속은 『들뢰즈와 음악, 미술, 그리고 일반예술』의 번역을 통해, 석 · 박사 논문과 학술지 논문을 통해 계속되었다. 그리고 들뢰즈 비평이론의 외연을 확대하는 과정에서 미셸 푸코를 만났다. 계속적으로 들뢰즈와 푸코의 연구를 진행하는 과정에서, 두 철학자에게서 공통적으로 포착할 수 있는 사유들을 발견하게 되었는데, 그중 하나가 권력 개념이었다. 들뢰즈의 경우 창조성을 중심으로 기존의 답습적인 체계의 거부와 억압적인 권력에 대한 항거에 집중했고, 푸코의 경우 우리가 처해 있는 현실 상황 속에서 드러나는 권력 작동 방식에 관심을 가졌다.

일반적으로 들뢰즈는 철학, 문학, 과학, 음악과 미술, 연극과 영화 등 다양한 분과 학문들에 대해 집필하면서 자신의 이론을 전개한다. 그의 사유가 문학, 연극, 음악과 미술 등 예술 분야에서 구체화되기에 그를 예술철학자라고 부를 수도 있고, 일상의 무의식을 통제하는 권력과 체제를 탈영토화하려는, 자본주의적 편집증의 획일적이고 위계적인 사유를 탈주하려는 사유의 여행자인 노마디스트라 부를 수도 있다. 또한 그의 철학 전반에서 강조되는 차이와 생성 개념을 볼 때, 차이와 생성의 철학자라고 간주할 수도 있다. 푸코의 경우, 일생 동안 지식-권력과 생체-권력, 그리고 새로운 주체화에 관한 연구에 매진한다. 그의 연구는 권력에 대한 보고서라 할 만큼 권력에 대한 이야기가 중심적이다. 특히 감옥, 학교, 공장, 수도원 등 다양한 장치 속에서 주체가 권력에 보이지 않게 작동당하며 무의식적으로 신체가 억압받는 생체-권력에 대한 연구에 매진한다.

들뢰즈와 푸코는 분명 위대한 철학자다. 하지만 그들이 더욱 위대한 사실은, 그들의 철학이 너무 이론적이지 않고 예술, 정치학, 일상생활 등에 구체적으로 접근 가능하다는 점이다. 이번 저서도 그들의 접근과 유사하게 진행된다. 이 점은 내가 공대를 나와서 유기화학과 반응공학의 공식을 활용하여 실제 공장에서 제품을 개발한 것처럼, 그들의 개념들을 단지 이론적인 것으로만 사유하지 않고 실제 생활에 적용시키는 것과 맥을 같이한다. 그럼 들뢰즈와 푸코의 사유를 통해 바라본 우리의 현실은 과연 어떠할까? 우리의 일상에서 권력은 어떤 이미지를 가지고 있을까?

우리는 일상생활의 다양한 관계 속에서 드러나는 권력을 쉽게 볼 수 있다. 어떤 관계에서 권력은 주인과 노예처럼 직접적으로 우리를 지배하거나 복종시키기도 하고, 어떤 관계에서 권력은 의식하지 못하는 방식으로 우리를 순종하게 만들기도 한다. 여기서 권력은 전자처럼 직접적으로 복종을 요구하거나 명령을 전달하는 측면과 후자처럼 무의식적으로 우리에게 무언가는 허용하고 무언가는 금지하면서 우리를 순응적으로 만드는 측면 모두를 함의한다. 의식적이든 무의식적이든 여러 관계 속에서 생겨나는 권력의 작동은 우리 삶의 일부가 될 수밖에 없다. 사회 울타리 속에서 살아가기 위해 사람, 집단, 체제, 제도 등과 다양한 관계를 맺지 않을 수 없기 때문에, 우리는 수많은 권력의 네트워크 속에 포획되어 살아간다고 말할 수 있다.

이러한 권력의 네트워크를 잘 보여주는 예를 영화에서 쉽게 찾아볼 수 있다. 영화 〈친구〉에서 선생님(김광규 분)이 학생들에게 "아부지 뭐 하시노?"라고 묻는 장면이 있다. 이 질문은 계층의 권력 혹은 직업의 권력에 대한 우리 사회의 생각을 적나라하게 보여준다. 아버지가 대통령이라면, 아니 아버지가 기업 사장이라면, 혹은 아버지가 선생님이라면, 그 선생님은 준석이(유오성 분)를 그렇게 무지막지하게 때리지는 않았을 것이다. 또한 영화 〈범죄와의 전쟁〉에서 검사와 변호사 등에게 아부하며 자신의 사업을 확장하려는 최익현(최민식 분)은 일상의 권력 체제를 가장 잘 따르는 인물이기도 하다. 권력의 아우라가 하나의 직업에서도 표현되는데, 서로의 관계망이자 직업망으로 구성된 우리 사회는 어떠하겠는가? 우리 사회는 분명 다양한 권력이 서로 얽히고설킨 하나의 장치이자 체계라고 해도 무방할 것이다.

이러한 사회에서 인간관계는 특히 사회생활을 원활하게 하기 위해서 필수적인 사항이다. 인간관계는 친구와 연인과 같은 수평적인 관계도 있고, 상사와 부하직원, 선배와 후배, 집주인과 세입자 등과 같은 수직적인 관계도 있다. 연인이 결혼 문제로 혹은 친구가 돈 문제로 우월적인 위치가 정해질 수 있는 것처럼 수평적인 관계가 수직적인 관계로 변환되기도 하고, 노사관계의 평화로운 협력 속에서 수직적인 관계가 수평적으로 전환되기도 한다. 수평적인 관계든 수직적인 관계든 상관없이 우리의 인간관계는 권력이 서로에게 작동하는 조감도를 보여준다.

사람과 사람 간의 관계뿐만 아니라, 사람과 집단, 사람과 체제, 사람과 제도 간의 관계 역시 다양한 권력 관계를 보여준다. 직장에 다니는 사람은 회사의 방침을 거부할 수 없고, 군인은 군대의 명령을 거역할 수 없다. 또한 민주주의 체제에서 살아가는 우리는 민주주의 체제에 반하는 행동을 할 수 없으며, 교육제도와 법률제도를 무시하고 살아갈 수도 없다. 이러한 집단, 체제, 제도 속에서 작동하는 권력은 일종의 사회계약설처럼 사회가 원활하게 유지되기 위해 우리가 암묵적으로 인정하는 권력인 듯하다. 우리의 삶에서 권력 관계는 이렇게 우리가 인식하지 못할 정도로 만연되어 있다. 하지만 너무나 당연하기에, 〈친구〉의 선생님과 〈범죄와의 전쟁〉의 최익현처럼 다양한 권력 작용이 우리에게 어떠한 부정적인 영향을 주고 있는가를 인식하지 못한 채 우리는 살아가고 있는지도 모른다. 뿐만 아니라 그 권력 작용이 우리의 무의식을 어떻게 잠식하고 있는지를 모른 채 살아가고 있는 듯하다.

최근 전우용 역사학자의 트위터는 우리의 무의식이 권력에 완전히 잠식되어 통제된 예를 잘 드러낸다. "나이 지긋한 택시기사 왈 '연봉 많이 받는 공기업 놈들, 이번에 대통령께서 확실히 손볼 거예요. 그런 놈들은 뿌리 뽑아야 해요.' 제가 반문했습니다. '일당 5억 원짜리 재벌보다 연봉 많이 받는 노동자가 훨씬 더 미우신가 보죠?' 연봉 많이 받는 노동자더러는 '사회의 암'이라면서, 재벌의 탈세에 대해서는 '사업하다 보면 그럴 수도 있다'는 사람 꽤 많습니다." 재벌과 권력층의 비리는 일을 하다 보면 당연히 생길 수 있다는 생각과 노동자는 돈을 많이 받으면 안 된다는 생각은 웃을 일이 아닌 것 같다. 또한 재벌과 노동자의 직업 속에 함의된 권력의 속성을 자연스럽게 인정하는 그러한 무의식적 사유는 도덕적으로 너무나 가혹하다. 노동자는 미천한 노동을 하는 사람일 뿐이라고 생각하기 때문에. 드라마 〈베토벤 바이러스〉의 배우 김명민 대사처럼, 어쩌면 똥덩어리라고 생각할지도 모르겠다. 하지만 이 트위터의 택시기사 경우처럼, 우리 대부분은 권력이 무의식을 지배하고 있다는 사실조차 모른 채 살아가고 있을 것이다.

이 책은 일상에서 발생하는 권력의 작동 방식을 더듬어간다. 또한 우리에게 직접적으로 영향을 주는 권력보다는 우리에게 보이지 않게 작동하는 권력 이야기와 무의식적으로 우리를 통제하는 권력 이야기, 그리고 이러한 상황에서 우리의 신체를 관리하는 권력 이야기에 집중한다. 우리는 직접적으로 보이는 권력에 복종하고 아부하거나 혹은 부지불식간에 보이지 않는 권력에 조종당하고, 그 권력의 작동에 무의식적으로 신체를 구속당한다. 하지만 우리는 권력 관계를 거부하며 살아갈 수 없다. 권력이 우리의 다양한 관계와 주변에 너무나 만연해 있기에, 권력을 거부하며 살아간다는 것은 반역자와 범법자, 배반자를 양산할 뿐이다. 그렇다고 권력을 방치한 채 복종적인 순종적 주체로 살아가는 것은 우리의 삶이 너무나 암울하고, 절대 권력을 휘두르면서 억압적인 전제적 주체로 살아가는 것은 너무나 잔혹하다. 그럼 어떻게 살아가야 하는가? 순종적인 주체로 살아가야 하는가? 혹은 전제적인 주체로 살아가야 하는가?

이 책은 부정적인 권력의 작동 방식에 대한 반항적인 지침을 제시하지는 않는다. 대신 우리가 간과할 수 있는 일반적인 권력의 작동 방식을 삐딱하게 보면서 우리의 현실과 사회를 다시 한 번 생각해보자는 데 의의가 있다. 저자는 이를 위해 들뢰즈와 푸코의 권력 이론을 참조한다. 우리가 권력이라는 자기장 속에 어떻게 살아가고 있으며, 어떻게 반응하고 있는지에 대한 오랜 궁금증은 들뢰즈와 푸코의 사유를 접하면서 어느 정도 해소된 것 같다. 분명 권력에 관한 들뢰즈와 푸코의 사유들은 수평적이고 대안적인 권력 이미지를 창안하는 훌륭한 지침서가 될 것이다.

그들은 여러 작품에서 권력의 작동 방식을 고발한다. 저자가 이들을 공부하면서 느낀 바는, 권력에 대한 이들의 이론이 앞서 몇 가지 예처럼 한국의 현실과 거의 흡사하게 맞아떨어진다는 점이다. 이러한 사실에 조금은 놀랐고, 조금은 씁쓸했다. 어쩌면 우리는 권력이 자신에게 영향을 미치는 점과 타인에게 미치는 점을 간과하면서 살아가고 있는지도 모른다. 경제가 어려워지고 삶이 더욱더 경쟁적으로 되면서 우리는 자본주의 체제에서 도태되지 않기 위해 부지런히 살아간다. 하지만 천민자본주의에서처럼 돈을 많이 벌고 잘 먹고 잘사는 데만 집중하면서, 권력의 작동이 우리에게 어떠한 악영향을 미치고 있는지를 모르거나 혹은 묵인하면서 살아가고 있지는 않은지.

이 책은 새로울 것도 없지만 우리가 너무나 당연히 여기기에 간과하고 있는 권력에 대한 이야기다. 이 책은 무관심한 정치와 고루한 일상에서 권력이 현재 우리를 어떻게 옭아매고 있는지를 밝힌다. 물론 인문학 전공자로서 저자는 정치를 잘 모른다. 신문이나 TV에서 이미지화되어 나오는 정치인들을 평가하고 비판하는 능력은 일반 사람과 다를 바 없다. 하지만 정치가 잘못되고 있다는 점과 정치인들의 권위적이고 위선적인 면은 인지하지 않을 수 없다. 정치학적 관점과 사회학적인 관점에서 권력에 대한 연구도 중요하지만, 인문학적인 관점에서 과연 권력이 어떻게 작동하여 하나의 정치가 되는지를 밝히는 것과 권력이 어떻게 일상생활에 보이지 않게 편재되어 있는지를 밝히는 것도 중요한 임무임에 틀림없다. 그리고 다시 밝히지만, 그 임무를 위해 들뢰즈와 푸코의 사유는 분명 훌륭한 안내서가 된다.

이 책은 총 7장으로 구성되어 있다. 이 중에 몇 장은 논문으로 발표한 글을 해체하여 교양서 형식으로 쉽게 풀어 설명하고 추가의 해석을 첨가하였다. 각각의 장은 하나의 고원으로 역할을 하기도 하고 서로 연결되어 내용을 보완하기도 한다. 저자는 국가를 새롭게 재건하려는 과거의 어느 한 남자의 장대하고 환영적인 의무감으로 이 글을 시작하지는 않는다. 조금이나마, 조금이나마 제자들에게 부끄럽지 않은 선생이 되기 위해서 이 글을 시작했다. 경제 위기의 취업대란 속에서 취업을 하기 위해 토익, 자격증, 영어회화, 봉사활동 등 취업준비에 대학생활을 저당 잡힌 제자들을 보면서, 제자들이 사회에 대한 시선을 더욱 넓고 깊게 가지길 바라는 심정에서, 그리고 제자들이 살아갈 미래가 지금보다는 조금 더 여유롭고 수평적인 사회가 되길 바라는 마음에서 이 글을 시작할 따름이다.

1.
언어와 권력

명령어

우리에게 언어는 설명할 필요가 없을 만큼 일상적이고 중요하다. 우리는 사회적인 존재로서 문화를 구축하지만, 그 문화는 언어가 없다면 불가능하기에 우리의 실존과 언어는 필수 불가분의 관계에 있다고 하겠다. 아침에 일어나면 무심코 TV에서 소리언어로 된 뉴스를 듣거나, 인터넷이나 휴대폰에서 문자언어로 된 다양한 기사를 읽는다. 소리언어든 문자언어든 언어는 우리가 일상생활에서 정보를 얻거나 전달하는 데 필요한 매개물이다. 또한 언어는 인간 상호간의 의사소통에 중요한 수단이다. 우리는 인간관계를 원활하게 형성하기 위해 가정과 사회에서 가족, 학교 친구, 직장 동료 및 부하 직원, 상사 등과 효율적인 의사소통을 해야 한다. 이런 점에서 언어는 자신을 표현하거나, 정보를 얻거나, 의사소통을 하기 위해 소리 혹은 기호 혹은 문자화된 상징을 체계적이고 관습적으로 사용하는 것을 말한다. 간단히 말해 언어는 정보전달의 기능과 의사소통의 기능을 갖는다.

질 들뢰즈(Gilles Deleuze)는 이러한 관습적이고 약속적인 언어의 정의를 삐딱하게 바라본다. 그는 언어의 본질이 정보전달이나 의사소통이 아니라 명령을 강요하는 것, 즉 명령어를 전달하는 것임을 강조한다. 언어의 본질은 무엇인가를 하도록 시키거나 명령하는 것에 있다는 것이다. 언어에 관한 연구에서 그의 관심은 다양한 방식으로 정보를 알려주거나 의사소통을 하는 방법을 포착하는 것이 아니라, "명령어를 방출하고 받아들이고 변환시키는 이 끔찍스런 능력을 정의"(*A Thousand Plateaus** 74)하고 분석하는 것이다. 여기서 들뢰즈는 언어 속에 숨겨진 명령어적인 속성을 우리에게 환기시킨다.

한글이든 영어든 각각의 언어는 어떤 의미를 포함하거나 전달하기 위해 문법 규칙을 준수한다. 동사가 목적어 뒤에 오는 한글과 동사가 목적어 앞에 오는 영어는 문장구조가 서로 다르다. 언어는 각각의 문법 규칙을 따름으로써 올바른 문장을 만들어내기에, 우리가 언어활동을 올바르게 수행하기 위해서는 각각의 언어에 맞는 문법 혹은 문장구조를 따라야 한다. 하지만 문법에 맞는 올바른 문장도 어떤 상황에 따라 본래의 의미를 상실하고 새로운 의미를 나타내는 경우가 있다. 사전적 의미에 따라 여러 단어들이 한 문장 안에 배열되어 표현될지라도, 정황 혹은 맥락에 따라 그 문장은 다의적인 의미를 지닐 수 있는 것이다. 가령, 어느 부부의 말다툼에서 아내가 잦은 술자리로 계속 늦게 퇴근하는 남편에게, "당신 참 잘났네요!"라고 하는 말은 진실로 남편이 잘났다는 의미가 아니다. 이는 언어의

* *A Thousand Plateaus*(천 개의 고원)는 이하 *TP*로 약칭한다. 숫자는 쪽수.

화용론적인 접근이다. 화용론은 문장 속에 있는 언어 그 자체만을 대상으로 하는 것이 아니라 언어가 사용되는 맥락과 사회 심리적 요인을 설명하는 데 주안점을 둔다.

들뢰즈는 화용론에서 드러나는 바대로 언어의 의미가 다양한 상황에서 달라질 수 있다는 전제하에서 언어의 명령어적인 속성을 이야기한다. 그가 주장하는 언어의 명령어적인 특성은 화용론과 분리해서 생각할 수 없는 것이다. 쉽게 말해, 직접적인 명령을 부과하지는 않지만, 언어는 권력이 작용하는 어떤 사회적이고 정치적 상황에서 명령어적인 특성을 보인다는 것이다. 가령, 독재자는 자신의 욕망을 직접적으로 지시하지 않고 간접적인 방법으로 신하들 혹은 간신들에게 말할 수 있다. 간신들은 독재자의 간접적인 암시를 짐작하거나 추측하여, 독재자를 위해 즉시 그 간접적인 암시를 실행에 옮긴다. 이런 점에서 "언어는 명령어다"라는 들뢰즈의 정의는 화용론과 정치와 권력이 중첩되어 있다고 볼 수 있다.

들뢰즈는 이렇게 화용론적 특성 속에서 언어의 권력적인 측면을 부각시킨다. 언어에 대한 그의 연구는 "언제나 말하려는 사람에게 부과하고 명령어를 전달하려는 정치적 시도와 겹쳐져 있다."(*TP* 101) 화용론이 권력의 문제를 다룬다는 점에서, 화용론은 "언어의 정치학(politics of language)"(*TP* 82)이라고 할 수 있다. 언어학에 대한 들뢰즈의 접근이 권력의 속성이 부여된 언어의 정치학과 맞닿아 있는 것이다. 그럼 일상생활의 어떤 상황에서 언어가 명령어로서 부과되고 작동되는 것일까? 그리고 언어의 명령어적인 속성으로 인해 우리가 어떻게 영향을 받고 어떻게 변질되는 것일까?

명령어의 실제

A Thousand Plateaus(천 개의 고원) 4장에서 들뢰즈는 언어학의 기본적인 네 가지 공리 중에서 특히 첫 번째 공리에 대한 비판을 통해 "언어는 명령어"라는 정의를 설명한다. 그는 "언어는 정보적이고 소통적이다"라는 언어학의 첫 번째 공리를 반박한다. 이 공리에 대한 비판으로 그는 언어의 본질은 무언가를 알려주는 것 혹은 정보적인 것이나 의사를 전달하고 소통하는 데 있는 것이 아니라, 무언가를 하도록 시키고 명령하는 것이라 지적하며 첫 번째 공리를 대신한다. 즉 언어의 본질은 무언가를 알려주는 것이나 의사를 전달하고 소통하는 데 있는 것이 아니라, 무언가를 하도록 시키고 명령하는 것이다. 이러한 들뢰즈의 견해가 잘 적용되는 곳은 학교에서 교사의 언어, 경찰과 정부의 성명, 그리고 상하 종속관계가 명확한 장소에서 상급자의 언어 등이다. 들뢰즈가 제시하는 다음의 인용문을 살펴보자.

> 학교에서 여선생이 학생들에게 문법 규칙이나 산수를 가르칠 때, 그것을 알려주는 것이 아니듯이, 그녀가 질문할 때에도 알려달라고 하지 않는다. 그녀는 가르치며 명령하고 지시한다. 선생의 지시는 그녀가 가르치는 것에 대해 외적인 것도, 부가적인 것도 아니다. 그것은 최초의 의미작용에서 흘러나오는 어떤 것이 아니고, 정보로부터 기인하는 것도 아니다.(*TP* 75)

교사가 수업 시간에 설명하는 것은 그(혹은 그녀)가 설령 "이것을 암기하라"라는 지시를 하지 않더라도, "이 부분이 중요하다"라고 하면 학생들은 자신들의 내신을 위해 반드시 그 부분을 공부해야 한다. 선생님의 간접적 지시를 어기면 당연히 학생들의 성적은 곤두박질치게 된다. 이러한 실례는 일상생활에서 빈번하게 일어나며, 사소한 일로 치부하고 웃어넘길 수 있다. 왜냐하면 학생은 좋은 성적을 받기 위해 자발적으로 선생의 간접적인 지시를 따를 수 있기 때문이다.

하지만 억압과 종속이 강압적으로 강요된 장소에서 일어나는 이러한 실례는 마냥 웃어넘길 수 없는 일이 된다. 이는 영화 〈쇼생크 탈출〉에서 분명하게 드러난다. 그 영화에서 교도소 소장의 말은 하나의 법이자 권력으로 명령어적인 속성이 강하게 드러난다. 간수들은 소장의 간접적인 지시를 나름대로 해석하여(물론 직접적인 지시를 통해서) 죄수들을 폭행하고 독방에 감금하기도 한다. 죄수들은 간수들의 간접적인(혹은 직접적인) 명령과 지시에 순응해야 한다. 그 명령과 지시에 익숙해진 죄수 레드(모건 프리먼 분)는 감옥에서 40년을 복역한 후 가석방된다. 문제는 감옥에서 석방된 후 발생한다. 직간접적으로 명령어에 길들여진 채, 사소한 일조차도 상사의 허락을 받아야 하는 레드는 사회에서 능동적인 주체로 살아가기보다는 수동적인 주체로 남는다. 갑자기 명령과 지시 체계가 사라지고 자유를 획득한 그는 무언가를 할 수 없는, 아니 무언가를 할 수 없도록 기계화된 주체가 된다. 그는 무력감을 느끼고 자살을 꿈꾸기도 한다.

〈쇼생크 탈출〉이 범죄자들을 훈육시키는 폐쇄된 공간에서 벌어지는 극단적인 예라고 생각하면 오산이다. 우리 사회는 하나의 감옥이라는 미셸 푸코(Michel Foucault)의 조금은 과격한 정의를 생각해보면, 이 영화의 이야기가 하나의 픽션이 아니라 일상생활에서 발생할 수 있는 가능성이 다분히 존재한다.

몇 년 전 싸이월드에서 웃음을 주었던 한 여학교의 급훈 "십 분만 공부하면 남편이 바뀐다"를 생각해보면, 일상생활에서 표출되는 언어의 명령어적 기능이 적용되는 예를 쉽게 찾을 수 있다. 들뢰즈적 관점에서 삐딱하게 보자면, 이 급훈에 함의된 명령어는 "열심히 공부하세요"가 아니다. 남성 지배적인 사회에서 열심히 공부하여 한 여자로서 수동적으로 살아가라는 의미가 이 문장에는 내재되어 있다고 볼 수 있다. 그래서 여학생들은 흔히 말하는 일류대학에 자신의 미래와 꿈을 위해 가는 것이 아니라, 좋은 집안에 시집가기 위해 간다는 웃지 못할 의미가 이 급훈 속에 내재되어 있는 것이다. 자신의 인생을 자신이 개척하지 못하고 남편이 자신을 구원해줄 것이라는 의미가 내포된 위의 급훈은 "여성은 남성 중심의 사회에서 수동적으로 살아가야 된다"는 웃지 못할 명령어가 함의되어 있다고 볼 수 있다. 보이는 권력에 수동화된 레드와 보이지 않는 권력인 관습과 전통의 고정관념에서 수동화된 여학생들, 이 두 가지는 보이는 권력과 보이지 않은 권력에서 다소 차이는 있지만 명령어가 신체에 직접적으로 작동하는 실례일 것이다.

이렇게 명령어를 함의하는 언어는 의사소통을 위해 우리가 생각해야 하는 의미의 그럴싸함과 진실함을 내포하지 않는다. 단지 그것은 무엇을 주목해야 하는지, 무엇을 잊지 말아야 하는지를 아주 분명하게 말해준다. 즉 "언어는 믿도록 만드는 것이 아니라, 복종하도록 만드는, 그리고 복종을 강요하는 것이다."(*TP* 76) 차라리 "십 분만 공부하면 신랑이 바뀐다"라는 급훈을 "열심히 공부하자 좋은 집안에 시집하기 위해서"라고 바꾸자. 더욱 그럴싸하고 더욱 진실해지기 위해. 비록 속물적일지라도 위선적인 사람이 되지 않기 위해.

비트겐슈타인의 명령어와 언표의 명령어

들뢰즈가 말하는 언어의 명령어적인 기능은 자신의 독자적인 이론이 아니다. 다양한 철학과 이론을 변주시켜 자신의 독자적인 철학으로 만드는 변용의 달인 들뢰즈는 이 이론을 비트겐슈타인(L. Wittgenstein)의 언어철학에서 차용한다. 비트겐슈타인은 『철학적 탐구』에서 언어의 명령어 기능을 설명한다. 그는 언어를 가르치는 것은 설명하는 데 있는 것이 아니라 그 말을 사용하거나 그 말에 반응하는 활동을 훈육하고 훈련하는 데 있음을 강조한다. 그는 이를 원초적 언어의 특징이라고 한다. 다음의 인용은 명령어적인 원초적 언어의 특징을 분명하게 해준다.

> 어떤 건축가 A와 조수 B의 의사소통을 위해 쓰인다고 해두자. A는 건축용 석재들을 가지고 건물을 짓는다. 벽돌들, 기둥들, 석판

> 들, 들보들이 있다. B는 그에게 그 석재들을 건네주어야 한다. 게다가 A가 그것들을 필요로 하는 순서에 따라서. 그 목적을 위해서 그들은 "벽돌", "기둥", "석판", "들보"란 낱말들로 이루어져 있는 어떤 한 언어를 사용한다. A가 그 낱말들을 외친다. B는 이렇게 외치면 가져오도록 배운 석재를 가져간다. 이것을 완전한 원초적 언어라고 생각하라.(『철학적 탐구』 23)

아르바이트로든 혹은 직업적으로든 건설현장에서 일해봤던 사람들은 위의 인용문을 쉽게 이해할 수 있을 것이다. 현장에서 목수는 조수(시다)에게 완전한 문장을 사용하지 않는다. 필요한 건축자재의 이름만 부르면 조수는 그것을 가져다준다. 목수가 합판이라고 하면 조수는 합판을 가져와야 한다. 비트겐슈타인은 이런 명령어적인 언어를 왜 원초적 언어라고 부르는 것인가? 그는 어린아이가 말하는 법을 처음으로 배울 때의 언어에 훈육과 훈련이 내재되어 있다는 의미에서, 명령어적인 언어를 원초적 언어라고 지적한다.

원초적 언어의 형식이 어린아이가 말하는 법을 배울 때 사용되면서, 언어를 가르치는 것은 설명이 아니라 훈육이 된다. 어린아이는 이러한 활동들을 하고 그와 동시에 이러한 낱말들을 사용하도록, 그리고 다른 사람의 낱말들에 어떤 방식으로 반응하도록 교육받는다는 것이다.

언어를 가르치는 목적이 정보 전달과 설명에 있는 것이 아니라 그 말을 사용하거나 그 말에 반응하는 활동을 훈육하는 데 있다는 상술을 통해, 비트겐슈타인은 언어를 명령과 결부된 것으로 정의한다. 더불어 그는 언어가 의사소통을 목적으로 하는 게 아니라는 점도 명확히 한다. "언어가 없으면 우리는 서로 의사소통할 수 없을 것이다"가 아니라, 언어가 없다면 우리는 "다른 사람에게 이러이러하게 영향을 줄 수 없다. 도로와 기계들을 건설할 수 없다, 등등이다."(『철학적 탐구』 246) 이렇듯 비트겐슈타인이 언어활동 속에서 강조하는 것은 정보의 전달이나 의사소통이 아니라 명령이고 명령에 관계되는 것이다.

들뢰즈는 비트겐슈타인의 이런 관점을 더욱 분명히 하며 "언어의 기초단위인 언표는 명령어다"(*TP* 80)라고 한다. 비트겐슈타인과 유사하게 들뢰즈는 말로 표현되는 가장 기본적인 단위인 언표에는 언어활동 속에서 말하는 사람(화자)이 듣는 사람(청자)에게 무엇을 어떻게 해달라고 하는 일종의 명령이 실려 있다고 한다. 비트겐슈타인 예에서 포착할 수 있는 것처럼, "목재"라는 말에는 "이것이 목재다"가 아니라, "목재를 가져와" 혹은 "목재를 치워" 또는 "이걸 달라고 할 때 목재라고 말해" 등과 같은 명령이 담겨 있으며, 그것이 바로 목재라는 언표의 실질적 의미라는 것이다. 즉 "우리는 일꾼들에게 삽과 곡괭이를 주는 것처럼 아이들에게 언어활동과 펜과 노트를 준다."(*TP* 76)

요컨대 언어의 명령어적인 기능에서 언표는 일반적인 의미가 아니라, 언표를 사용하는 사람과 언표를 듣는 사람의 관계에 따라 또 다른 의미를 갖는다. "커피"라고 외치는 화난 사장의 얼굴을 보라. 그리고 커피를 가져다주는 한 직원의 경직된 얼굴. 이런 입장에서 들뢰즈는 언표가 일반적인 의미작용과 통사론적인 문장구조에 귀속되지 않으며, "명령은 변별적 단위의, 사전(事前)에 만들어진 의미작용이나 조직화와 관련되지 않는다"(*TP* 76)라고 지적한다.

언표행위의 배치

하나의 언표는 다양한 상황과 접속함으로써 사전적 의미를 탈주하여 다른 의미를 생성할 수 있다. 언표가 종속관계의 상황에서 명령어로 작동하는 것처럼, 언표는 다양한 배치 속에서 명령어를 포함하는 다양한 의미를 획득할 수 있다. 들뢰즈는 이런 경우를, 언표행위의 배치 속에서 언표는 나름의 의미를 획득한다고 한다. 언표는 표현되는 것이고, 언표행위의 배치는 언표행위가 이루어지는 하나의 상황 혹은 배치이다.

많은 사람들이 보았던 영화 〈범죄와의 전쟁〉에서 하나의 언표가 다른 의미를 가지는 예를 발견할 수 있다. 하정우(최형배 역)는 커피를 배달해 온 다방 여종업원에게 추근거리며 "살아 있네!"라고 말한다. 한편, 최민식(최익현 역)은 한 횟집에서 생선회를 보며 "살아 있네!"라는 대사를 사용한다. 똑같은 "살아 있네!"라는 언표는 언표행위의 배치에 따라 그 의미가 달라진다. 전자의 하정우의 언표는 성희롱적인 의미로 여성의 섹시함을 의미하고, 후자의 최민식의 언표는 맛깔스럽고 싱싱해 보이는 생선회를 의미한다.

이러한 들뢰즈의 언표에 대한 접근은 푸코가 논의했던 언표 개념과 유사함이 있다. 언표는 "구조들의 그리고 가능한 단위들의 영역을 가로지르는, 그들을 그 구체적 내용들과 함께 시간과 공간 속에 나타나는 하나의 기능"(『지식의 고고학』 129)으로서 역할을 한다. 결국 언표라는 것은 어떤 분석수준에 있어서 지표화 가능한 한 단위이기보다는, "다양한 단위들과의 관계하에서 수직적으로 기능하는, 그리고 일련의 기호들에 관하여, 그들이 거기에 현존하는가의 여부를 말할 수 있도록 해주는 하나의 기능인 것이다"(『지식의 고고학』 128-129).

몇 년 전 유행했던 광고 카피인 "부의 상징"이라는 언표도 푸코가 지적하는 시공간에 따라 다른 의미의 기능을 갖는다. 가령 "전화기"와 "자동차"라는 언표는 70년대에는 부의 상징이었지만, 지금은 통화 기능을 가진 하나의 기기와 출퇴근을 위한 교통수단일 뿐이다. 시간 · 공간의 배치와 사회적 · 경제적 관계에 따라 언표는 다양한 의미로 생성될 가능성이 열려 있는 것이다. 들뢰즈는 이러한 언표 개념을 푸코의 논의를 활용하여 다음과 같이 설명한다.

> 만일 언표가 단어, 문장 혹은 명제로부터 구분된다면, 그것은 언표가 자신 안에 마치 어떤 파생물들처럼 주체, 대상, 개념의 기능을 포함하고 있기 때문이다. 엄밀히 말해서, 주체, 대상, 개념이란 단지 원초적인 것 혹은 언표의 파생적 기능에 불과하다. 따라서 상관적 공간이란 하나의 언표 가족 내에서의 주체, 대상, 개념이 점유하는 입장들 혹은 배치들로 구성되는 담론적 질서이다. 이 다양한 배치들은 특이점들을 표상한다. 따라서 내재적 상수와 외재적 변수에 의해 진행되는 단어, 문장, 명제의 체계는 고유

> 한 변이 및 내재적 변수에 의해 진행되는 언표들의 다수성에 반하는 것이다. 이제 단어, 문장, 명제의 관점에서는 하나의 우연으로 간주되던 것이 언표의 관점에서 규칙이 된다. 푸코는 이렇게 해서 하나의 새로운 화용론을 기초짓는다.(*Foucault* 9)

언표의 화용론적인 작용은 푸코의 저서에서 두드러진다. 푸코는 『광기의 역사』에서 15세기부터 20세기까지 광기의 의미의 변천사를 적나라하게 보여준다. 푸코는 시대와 사회 배경에 따라 달라지는 광기의 의미와 그 광기에 대한 대처 방법을 고발한다. 광인을 일반인과 그냥 다른 사람으로 여기던 르네상스 시대에서 하나의 정신질병으로서 치료해야 할 대상으로, 훈육해야 할 대상으로 자리매김하는 20세기까지의 과정들을 그 책에서 세밀하게 계보학적인 방법으로 보여준다. 이러한 푸코의 광기에 대한 분석처럼, 시대와 공간이라는 다른 언표행위의 배치에 따라 광기의 의미도 달라지는 특이점들이 나타난다. 그래서 하나의 언표는 절대성이 부과된 결정론적 역할을 하는 것이 아니라, 언표행위의 배치에 따라 달라지는 우발적인 불확정성의 원리를 따른다. 이는 언표가 하나의 고정된 의미만을 갖는 것이 아니라, 언표행위의 배치에 따라 우발적으로 새로운 의미가 생성될 수 있음을 의미한다.

잉여성과 간접화법

목수가 조수에게 "합판"이라고 하면 조수가 합판을 들고 오는 앞의 실례에서 알 수 있듯이, 화용론적인 특징 속에서 언표는 직접적인 지시가 아닌 간접적으로 명령을 전달할 수 있다. 들뢰즈는 이러한 언표의 간접적인 명령어에서 언표와 행동 사이의 암묵적 전제를 강조한다.

들뢰즈가 지적하듯이, 명령어란 "암묵적 전제에 대해 모든 말이나 언표가 갖는 관계, 다시 말해 언표를 통해 이루어지거나 그것을 통해서만 이루어질 수 있는 화행에 대해 말이나 언표가 갖는 관계" (*TP* 79)이고, 직접적인 단어들에 실려 간접적인 방식으로 언표되고 전달되는 명령이다.

일반적으로 언표와 행동의 관계 속에서 명령어는 직설법을 써서 행동을 기술하거나 명령법을 써서 지시한다. 그런데 들뢰즈가 언급하는 명령어는 직접적으로 지시하여 외적인 행동으로 귀착되는 명시적 언표의 범주가 아니라, 강제적이거나 종속적인 관계 속에서 언표에 연계되는 모든 행위와 관계된 것이다. 암묵적 전제 속에서 언어활동이 특정한 행동을 요구하거나 명령한다는 점에서, 명령은 언표를 언표행위로 만드는 변수라고 할 수 있다. 이런 점에서 언어활동 속에서 언어는, 주어진 순간에 어떤 언표를 통해 행동을 지시하는 명령어들, 암묵적 전제들과 화행들의 집합으로 정의될 수 있다. 간단히 말해 언어는 의사소통과 정보 전달의 기능이 아니라, 특히 수직적이고 종속적인 관계 속에서 혹은 일상생활에서 명령어, 암묵적 전제, 그리고 행동으로 이어지는 집합체다.

명령어가 암묵적 전제와 간접적인 전달 방식의 특성을 갖는다는 점에서, 그것은 언어활동에서의 잉여성과 간접화법과 관련성을 갖는다. 다음의 들뢰즈의 진술을 보면 명령어의 잉여성과 간접화법은 명확해진다. 언어는 "잉여성에 의해 진행되는 것"이고, "각각의 언표가 행위를 이루고 행위가 언표 안에서 이루어지는 한, 언어는 한 언표에서 다른 언표로든, 하나의 언표 안에서든, 명령어의 전달이다."(*TP* 79) 더불어 "우리는 명령어의 잉여성이 오히려 일차적이며, 정보란 단지 명령어의 전달을 위한 최소조건이라고 생각한다."(*TP* 79) 또한 "최초의 언어 혹은 언어의 자리를 차지하는 최초의 규정은 수사나 은유가 아니라 간접화법이다."(*TP* 76-77) 그리고 이러한 간접화법은 "보고하는 언표 안에서 보고되는 언표가 나타나는 것이고, 말 안에서 명령어가 나타나는 것이다."(*TP* 84)

가령, "추워"라는 말은 언표행위의 배치에 따라 "문 닫아", "옷 좀 빌려줘", "에어컨 꺼"라는 명령어를 포함하고 있으며, 그 경우 하고 싶은 실질적인 말은 "추워"라는 말을 통해 다양한 잉여성을 함의하면서 간접적으로 말해진다는 점에서 간접화법이 된다. 특히 연인관계에서 여자친구가 "추워"라고 말하면 남자친구는 점퍼를 벗어준다. 여자친구의 "추워"라는 언표는 "옷을 벗어줘"라는 명령어의 간접적인 전달이자 "추워" 이외의 의미의 잉여성을 갖는다. 또한 남자친구가 "옷을 벗어줘야 하는" 암묵적 전제가 깔려 있다.

일상생활에서 이러한 언어의 명령적 속성은 정치적 폭력성이 덜하다. 그러나 명령어의 정치적 폭력성은 강제적인 종속관계에서 드러난다. 권력을 가진 공직자가 뇌물을 원할 경우, 직접적으로 요구하지는 않을 것이다. 대신 자신이 바라는 바를 간접적으로 제시하고, 뇌물 제공자는 그것을 간파해야 한다. 그것이 뇌물 제공자가 살아가는 방식이다. 그래야 작은 떡고물이라도 얻을 수 있다. 이는 유감스럽게도 한국의 정치계와 경제계에 만연했던 일이다.

이렇게 간접적인 전달 방식 속에서 전달되는 명령어에는 잉여적인 것이 부가되어 있음을 인지할 수 있고, 이런 의미에서 언어활동은 잉여성을 갖는다고 할 수 있다. 즉 언표와 행동의 관계는 의미를 직접적으로 전달하는 동일성의 관계가 아니라 잉여성의 관계임을 인지할 수 있다. 요컨대 언어활동은 잉여성을 갖는 간접화법 혹은 간접적인 담화이고, 간접적인 담론은 결코 직접적인 담화를 전제하지 않고 이것이 명령어의 암묵적 전제와 관련되어 있음은 물론이다.

의미화와 주체화

들뢰즈는 잉여성을 갖는 명령어를 전달하는 것이 언어활동의 중요한 기능이라고 삐딱하게 본다. 여기서 문장이나 기호는 명령을 전달하기 위한 최소한의 조건에 불과할 뿐이다. 이러한 잉여성은 주파수와 공명이라는 두 형식을 취하는데, 전자인 주파수는 정보의 의미화와 관련되고, 후자인 공명은 소통의 주체화와 관련된다.

주파수가 정보의 의미화와 관련된다는 것은 한 대사가 어떤 음고, 어떤 어조, 어떤 진동수로 말하는가에 따라, 다시 말해 어떤 주파수의 대사로 말하는가에 따라 다양한 의미를 갖게 된다는 것이다. 가령, 어머니의 "밥 먹어라"라는 언표를 보자. 어머니가 화가 나신 경우 그 언표는 큰 진폭의 음고와 진동수를 가진다. 그럴 경우, 자녀들은 어머니가 화가 나셨음을 인지하고 곧바로 식탁으로 향해야 한다. 야단맞지 않고 식사를 하기 위해.

한편 들뢰즈는 "나=나"(*TP* 79)라는 공식으로 소통의 주체화로서 공명을 표시한다. 이 공식은 어떤 주파수의 소리를 듣는 내가 그 소리에 동조하여 공명하는 경우를 도식화한 것이다. 즉 소통의 주체화로서 공명은 누군가의 발언을 나에 관한 것으로 동일화하는 현상을 의미한다. 쉽게 설명하기 위해, 앞의 "나=나"라는 공식을 화가 나신 어머니가 "밥 먹으라"며 지시하는 상황에 대입해보자. 좌변의 "나"는 어머니 언표를 듣기 전의 나를 의미하고, 우변의 "나"는 화나신 어머니의 언표를 들은 후의 나를 의미한다. 물론, 우변의 "나"는 어머니의 언표에 동조하여 어머니의 지시를 따르는 나를 지칭한다. 이런 과정으로 좌변의 "나"라는 주체는 어머니와 소통하는 우변의 "나"가 되면서, 나는 어머니의 언표를 나의 것으로 동일시하는 소통의 주체가 된다.

그런데 의미화와 관련된 주파수와 주체화와 관련된 공명, 혹은 정보와 소통은 모두 특정한 사회적 질서 안에서 명령어의 전달과 그에 대한 동조를 야기한다는 점에서 잉여성에 종속된다고 볼 수 있다. 들뢰즈는 이것에 대해 다음과 같이 말한다.

> 잉여성은 주파수와 공명이라는 두 형태를 갖는데, 전자는 정보의 의미화에 관련되고, 후자(나=나)는 소통의 주체화에 관련된다. 정보와 소통이, 그리고 의미화와 주체화조차 잉여성에 종속된다는 것은 분명하다.(*TP* 79)

이러한 실례로서 영화 〈범죄와의 전쟁〉의 다음 장면을 보자. 김응수(최주동 역)는 전화를 걸어 최민식(최익현 역)과 하정우(최형배 역)를 구속시킨 경찰서 서장에게, "안서장, 최익현 씨랑 여사장 문제는 동업자끼리의 분쟁으로 봐야 되고, 최형배와 김판호 사건은 별개의 문제니까 따로 처리하는 게 맞다 이 얘기야. 당신 무슨 말인지 이해 못하겠어?"라고 화를 내며 말한다. 한마디로 죄가 없으니 풀어주라는 얘기다. 서장은 화난 김응수 검사의 말에 주파수의 진폭이 큰 것을 파악하여 그 말의 속뜻을 인지하고, 그것에 동조하여 공명해서 최형배를 풀어준다. 이 대사에서 직접적으로 풀어주라는 명령은 없다. "풀어주지 않으면 당신(서장) 두고 보겠어!"라는 강압적 의미가 간접적으로 전달되고, 이에 수긍하는 서장의 공명만이 있을 뿐이다. 우리는 이 장면에서 정보의 의미화와 소통의 주체화 또한 명령어의 잉여성에 종속됨을 쉽게 알 수 있다.

이런 맥락에서 들뢰즈는 "지배적 의미작용에서 독립적인 의미화는 존재하지 않으며, 기존의 예속화의 질서로부터 독립적인 주체화는 존재하지 않는다. 양자는 모두 주어진 사회적 장에서 명령어의 본성과 전달에 의존한다"(*TP* 79)라고 말한다. 좀 더 과격하게 말해서, 개인적인 언표라는 것은 없고, 그러한 언표행위의 주체도 없다.

단지 언표행위의 배치에 종속된 언표와 그 언표의 간접적인 명령어만이 있을 뿐이고, 잉여성을 포함하는 명령어의 의미를 파악하고 그 의미를 수행하는 수동적인 주체만이 있을 뿐이다. 강압적인 공직 사회에서 검사와 서장 관계의 언표 행위의 배치, 그 배치에 종속된 검사의 언표, 검사가 발화하는 언표의 간접적인 명령어, 그리고 잉여성을 포함하는 검사의 간접적인 명령어의 의미를 파악하고 그 의미를 수행하는 서장. 우리는 여기서 예속화의 선을 따르게 된다.

예속화의 선

앞에서 지적했듯이, 들뢰즈는 비트겐슈타인의 명령어적인 원초적 언어를 더욱 명확히 하며 "언어의 기초단위인 언표는 명령어이다" (*TP* 80)라고 한다. 일반적으로 언어활동에는 언표, 언표행위, 언표 주체, 언표행위의 주체로 구성된다. 언표는 표현된 것 혹은 진술된 것을 의미하고, 언표행위는 언표를 수반하는 행위 일반을 지칭하고, 언표 주체는 진술된 혹은 표현된 문장의 주어를 말하며, 언표행위의 주체는 언표를 표현하는 주체이다. "삼천포는 촌에서 올라왔다"라고 성나정(고아라 분)이 말할 때, 따옴표에 있는 문장이 언표가 되고, 따옴표에 있는 문장을 말하는 성나정의 행위를 언표행위라고 한다. 이 언표에서 "삼천포"는 언표 주체가 되고, 이 언표를 발화하는 "성나정"은 언표행위의 주체가 된다.

위의 삼천포와 성나정처럼 보통 언표 주체와 언표행위의 주체는 구별된다. 하지만 "사람은 사유하는 동물이다"라는 일반적 주어의 언표를 말할 때는, 언표행위의 주체와 언표 주체가 포개진다. 언표행위를 하는 주체도 사람이기 때문에, 언표 주체와 언표행위의 주체가 겹쳐지는 것이다. 들뢰즈는 두 주체가 포개지는 지점을 삐딱하게 보며 자신의 이론을 전개한다. 그의 이론은 언표 주체와 언표행위의 주체가 포개질 때 언표행위의 주체가 언표에 속박된 주체가 된다는 것이다. 즉 언표행위의 주체와 언표 주체가 포개짐으로써, 주체는 "지배적인 실재성에 순응하는 언표에 속박된 주체"(*TP* 129)가 되고, 예속화의 선을 따르게 된다. 이러한 예는 일상생활이나 사회생활에서 다양하게 찾아볼 수 있다.

쉽게 접근하기 위해 예전에 유행했던 〈개그콘서트〉의 한 코너를 들여다보자. 〈개그콘서트〉에 "네 가지"라는 코너가 있었는데, 이 코너에 키 작은 청년 허경환이 나온다. 허경환은 여기서 키가 작아 설움을 당한 에피소드를 이야기한다. 집에 전등이 고장 나서 전등을 고쳐야 하는데, 키가 작은 허경환은 의자 위에 놀라서도 천정에 손이 닿지 않아서, 어머니는 "아버지 불러야 겠네!"라고 한다. 그때 아버지가 나오며 "남자가 전등 하나 못 바꾸냐!"라고 아들 허경환에게 비아냥거린다. 여기서 언표행위의 주체인 허경환 아버님과 언표 주체인 남자는 포개진다. 허경환 아버지의 말씀 "남자가 전등 하나 못 바꾸냐!"라는 언표는 연장을 다루지 못하거나 집안 수리와 공사와 관계된 일을 하지 못하는 남자는 진정한 남자가 아니라는 의미를 함의한다. 이는, 남자는 모름지기 남자다워야 한다는 남자 역할의 예속화를 이끄는 언표이기도 하다.

이러한 예는 특히 여성의 역할에 대한 언표에서 두드러진다. "여자는 여자다워야 한다"라는 언표를 한 번 생각해보자. 놀랍게도 수업 시간에 여학생들에게 질문해보니, 어릴 때부터 이런 언표를 자주 들으면서 성장한 여학생들이 제법 되었다. 이런 언표도 여성이 말하는 경우 언표 주체와 언표행위의 주체는 포개진다. 이 포개짐은 한국 사회에서 여성의 보이지 않은 장벽과 남성 우월적인 면면을 간접적으로 보여준다고 할 수 있다. 즉 여자가 여자답게 살아야지 우리 사회에서 인정받고 수용되는 씁쓸한 사실을 드러낸다고 하겠다. 여성은 끊임없이 수동적인 여성답게 치장하고 행동한다. 이미지 메이킹을 통해 혹은 성형수술을 통해 정신적으로든 신체적으로든 계속 "여자다워져야" 한다고 수동적으로 세뇌당한다. 들뢰즈의 지적처럼, 이렇게 언표행위의 주체와 언표 주체 사이에 동일시가 발생하면서 언표에 속박된 주체가 생겨난다. 남성다워져야 하는 남자들, 여성다워져야 하는 여성들. 이런 경우가 위의 예들만은 아닐 것이다.

그런데 "여자는 여자다워야 한다"라는 언표에서 더욱 흥미로운 사실은 특히 한국에서 이 언표의 주어인 "여자"와 부사어인 "여자다워야"에서 "여자"의 속성이 다르다는 것이다. 이 언표의 주어 "여자"는 일반 한국 여성을 의미하고, 부사어 "여자"는 남성 지배사회에 종속된 혹은 예속화된 한국 여성을 의미한다고 볼 수 있다. 그래서 "여성은 여자다워야 한다"라는 언표는 이중적 포개짐이 발생한다. 먼저 언표의 주체(주어)인 "여성"과 부사어인 "여성"이 포개질 뿐만 아니라, 이 언표를 말하는 언표 행위의 주체인 "여성"과 언표 주체인 "여성"이 포개진다. 이 언표에서 한국 여성의 이중적 포개짐은 남성 중심 사회가 계속 확고해지는 우리 사회에 대한 방증이라 할 수 있겠다.

신체적 변환과 비신체적 변환

특히 권력이 집중된 체제나 집단에서 잉여적인 언표는 명령어로서 역할을 하며 그 권력자 주변의 사람들에게 의미화와 주체화를 발생시킨다. 이러한 명령어적인 언표는 예속화 과정을 따르게 하면서 사람들의 신체를 변환시킬 수 있다. 들뢰즈는 이를 비신체적 변환과 신체적 변환이라는 용어를 사용하여 설명한다.

판사가 재판에서 "징역 20년" 하고 선고할 때 그 문장이 발화된 순간 피고의 신체는 죄수의 신체로 전환된다. 들뢰즈는 판사가 발화하는 것을 비신체적 변환이라고 한다. 이런 발화가 비신체적 변환이지만, 언표를 통해 범죄 용의자는 죄수로 확정되어 용의자의 신체는 죄수로 신체적 변환을 초래한다. 요약하면 명령어를 내포하는 언표와 언표행위는 그 자체로 비신체적인 것이고, 언표를 통해 변형된 신체는 신체적인 것이다.

중요한 점은, 언표 혹은 언표행위가 그 자체로는 비신체적이지만 신체적 상태에 개입하여 신체적 변환을 야기한다는 사실이다. 즉 비신체적 변환인 언표행위가 신체에 귀속된다는 말은 기호나 언어를 지시체의 형태로 신체와 대응시키는 것이 아니라, 신체적인 것에 관여하고 개입하여 신체의 상태를 변환시키는 것을 의미한다. 이런 의미로 언어는 행동의 문제이고, 실천의 문제이며, 언어적 활동인 화행의 문제가 된다. 여기서 언표와 언표행위인 표현은 신체인 내용에 끼어들며 내용에 개입함으로써 그것들은 정치적 권력으로 작동할 수 있게 된다. 간단히 말해 언표는 비신체적인 것으로서 표현의 층위에 해당되고, 신체적인 것은 내용의 층위에 해당된다. 즉 신체적 변환이란 신체의 상태를 바꾸는 내용의 층위와 관련되고, 비신체적 변환은 언표행위라는 표현과 관련된다.

이는 학교에서 최근 발생하고 있는 "왕따" 문제에서 쉽게 드러난다. 학급의 학생들은 왕따를 당하는 학생을 멸시하거나 조롱하고, 심하게는 폭력적인 행동을 서슴지 않는다. 그 왕따 학생에게 그렇게 하지 않으면 자신이 왕따당하기 때문이다. 학급의 분위기를 좌우하는 학생들 혹은 그룹이 한 학생을 왕따로 지명하자마자, 그 학생은 주변 학생들에게도 왕따로 취급당한다. 그 학생은 자신감을 상실하고 다른 학생들의 관심을 피하거나 계속적으로 피해를 보지 않기 위해 마치 진짜 머저리인 것처럼 행동하기도 한다(극단적으로 자살을 하는 경우도 뉴스에서 많이 보도된 사실이다). 학생들의 멸시적이고 폭력적인 언어 표현이 한 학생의 신체에 작동하여 머저리가 아닌 학생이 실제로 머저리가 되는 신체적 변환을 야기하는 것이다. 왕따를 당하는 학생은 한마디로 어느 누구도 구원할 수 없는 벌거벗은 생명이 된다. 이런 경우는 군대에서도 쉽게 볼 수 있다. 한 사병을 고문관이라고 부르는 순간, 그 사병은 진짜 멍청한 말썽꾸러기 고문관이 된다.

들뢰즈는 내용의 층위인 신체적인 것은 기계적 배치에, 표현의 층위인 비신체적인 것은 언표행위의 배치에 상응한다고 지적한다. 신체적인 것의 기계적 배치와 비신체적인 것의 언표행위 배치의 실례는 예비군 훈련장에서 쉽게 볼 수 있다. 보통 일반적인 사람들이 예비군 군복을 입고 예비군 훈련장에만 가면 약간은 양아치처럼 행동한다. 평상시 사용하지도 않는 욕설은 물론 아무데나 앉고 침도 스스럼없이 뱉는다. 여기서 예비군 훈련장은 기계적 배치가 되고 그 훈련장에서 행하는 언어활동은 언표행위의 배치에 귀속된다. 일반적인 사람이 예비군 훈련장이라는 기계적 배치에 속하게 되면 흔히 욕설과 험한 말 등의 언표를 발화하게 된다. 간단히 말해 예비군 군복을 입고 훈련장에 들어서자마자, 내용의 신체적 변환, 즉 일반적인 사람에서 양아치 같은 사람으로 재영토화하고, 표현인 비신체적인 변환, 즉 욕설의 언표를 발화하는 언표행위의 탈영토화가 발생한다.

들뢰즈는 이러한 내용과 표현의 두 층위의 소통을 야기하는 탈영토화 및 재영토화를 "배치의 4가성(tetravalence of the assemblage)"(*TP* 89)으로 설명한다. 내용과 표현이라는 두 개의 층위, 두 개의 선분이 있고, 그 각각마다 탈영토화가 시작되는 지점 및 재영토화가 이루어지는 지대가 있다. 모든 배치는 이러한 4가지 성분을 포함한다. 즉 배치의 4가성은 내용인 기계적 배치, 표현인 언표행위의 집합적 배치, 언표행위의 탈영토화, 기계적 배치의 재영토화로 구성된다.

배치의 4가성 또한 일상생활에서 쉽게 발견될 수 있다. 한 아버지가 회사에서는 친절하지만, 집안에서는 무뚝뚝함을 묘사하는 CF가 있었다. 아버지의 회사와 집은 다른 기계적 배치다. 회사에서 아버지의 언표는 친절하고 상냥하지만, 집안에서 아버지의 언표는 무뚝뚝하다. 아버지가 회사에서 집으로 퇴근하는 순간, 내용인 회사-기계의 기계적 배치는 집안-기계의 기계적 배치로 재영토화되고, 표현인 언표행위의 집합적 배치는 가장으로서 그 집안-기계에 상응하는 무뚝뚝하고 퉁명스러운 언표를 생산하면서 언표행위의 탈영토화가 발생한다. 이것이 들뢰즈가 말하는 배치의 4가성이다. 이와 유사하게, 한 여성이 남자친구에게 전화를 받을 때와 어머니에게 전화를 받을 때 내용과 표현이 달라지는 경우를 많이 본다. 물론, 남자친구와 어머니에게 전화를 받을 때 여성은 연인과 딸이라는 신체적인 내용이 달라지고 목소리가 달라지면서 표현도 달라진다.

명령어의 순간성

그런데 비신체적인 것이지만 신체적 변환을 야기하는 언표 혹은 명령어는 순간적인 특성을 갖는다. 즉 "비신체적 변환은 그 순간성에 의해, 그 직접성에 의해, 변환을 표현하는 언표와, 변환이 야기하는 효과의 동시성에 의해 확인된다."(*TP* 81) 명령어의 순간성의 특징으로 인해 명령어는 시의적절한 순간이 지나면 효력을 잃거나 부적절한 것이 된다.

이러한 명령어의 순간성은 권력을 가진 자가 그 임기가 끝나는 시점이 되면 발생하는 레임덕 현상에서 흔히 볼 수 있다. 레임덕 시기에 대통령의 명령은 이제 하나의 공허한 메아리로 울려 퍼지고, 그다음 권력자에게로 모든 시선이 집중된다. 어디 대통령의 레임덕 현상에서만 발견할 수 있을 뿐이랴! 학문을 등한시한 채 권력만을 바라보며 지향했던 정치성을 띤 교수, 이러한 교수에게 퇴임이 얼마 남지 않은 말년은 그다지 아름답지 않은 경우가 흔하다. 정승집 개가 죽으면 조문객이 많지만, 정승이 죽으면 아무도 안 온다는 속담처럼, 권력이 있을 때는 주위에 사람들이 모이다가, 권력이 사라지면 사람들도 사라진다. 명령어의 순간성처럼.

명령어가 효력을 잃거나 부적절한 것이 되는 순간은 들뢰즈가 설명하는 기호체계와 접속 가능하다. 들뢰즈의 기호체제는 2장에서 상세하게 다룰 예정이라 우선 간략하게만 살펴보자. 들뢰즈가 기호체계에서 설명하는 기표적인 전제적 체제와 탈기표적인 정염적 체제가 잇닿는 지점이 바로 명령어가 효력을 상실하는 순간이다. 기호의 탈기표적인 정염적 체제는 전제적 체제가 끝나는 지점에서 탈주선과 더불어 시작된다. 즉 탈기표적 체제는 기표적인 의미화의 중심에서 벗어나는 체계로, 나선환에서 벗어나는 탈주선이 시작되는 지점에서 출발한다. 이는 조선시대 초기 역사에서 쉽게 찾아볼 수 있다. 태조 이성계의 기표적인 의미화 체제의 중심에서 벗어나 왕자의 난을 일으킨 이방원, 또한 태종 이방원의 기표적인 전제적 체제의 중심에서 탈주하여 자유로운 삶을 살다가 세자에서 폐위된 양녕대군. 이방원과 양녕대군은 각각 아버지인 태조와 태종의 기표적인 체제를 벗어나 탈주하여 탈기표적인 체제를 구성했다. 탈기표적인 체제의 시작은 기표적인 권력에 복종하는 것을 멈추고 그로부터 배신하여 얼굴을 돌리는 데서 발생한다.

전제 군주의 정면 얼굴을 배신하는 측면 얼굴의 예는 『리어왕(*King Lear*)』의 1막에서 나타난다. 나팔소리와 함께 등장하는 리어(Lear)는 군주의 정면 얼굴을 상징한다. 리어는 자신을 가장 사랑하는 딸에게 합당한 몫을 제공하겠다고 명령한다. 이 명령에 첫째 딸 거너릴(Goneril)과 둘째 딸 리이건(Regan)은 리어왕을 찬양하는 말로 자신들의 몫을 챙긴다(Ⅰ.i. 5-8). 거너릴와 리이건의 칭송이 필연적인 배신을 의미한다는 점에서 그녀들의 얼굴은 정염적 체계에서의 측면 얼굴이고, 탈기표적인 얼굴 돌리기이다. 물론 탈기표적 체제가 얼굴 돌리기 혹은 배신의 체제라는 말은 이런 의미에서다. 이렇듯 명령어의 순간성은 탈주의 가능성을 함의한다. 하지만 탈주의 하나의 예로서 탈기표적인 정염적 체계가 들뢰즈가 강조하는 긍정적이고 창조적인 탈주를 함의하는 것은 아니다.

명령어의 순간성은 일상생활에서도 흔히 생겨나는 현상이다. 은퇴하고 노쇠한 아버지의 모습을 보라. 절대 살아생전에 당신의 유산을 자식에게 미리 양도하지 말라는 씁쓸한 이야기가 있다. 재산을 양도받은 자식이 병든 부모님을 무시하고 소홀히 하는 경우가 심심찮게 뉴스에 나오기도 한다. 재산을 양도한 후 명령어의 순간성이 바로 찾아오는 분명한 실례이다.

쉬어가기 1

일상과 들뢰즈

빈진선(부산외국어대학교 영어학부)

나는 매주 남자친구와 도서관에 간다. 오늘 아침에도 가방에 도시락을 챙겨서 도서관으로 향했다. 아침부터 계속 들뢰즈와 비트겐슈타인만 되뇌면서 화용론적 관점에서 언어의 명령어적인 속성이 과연 얼마나 맞는 얘기일까 하는 의문을 안고 출발했다.

일단 이 건물 도서관. 이 도서관을 지을 때 건축가들과 무수한 조수들의 대화. 비트겐슈타인의 예처럼, "석판"이라는 말에는 "이것이 석판이다"가 아니라, "석판을 줘"나 "석판을 치워" 또는 "이걸 달라고 할 때 석판이라고 말해" 등과 같은 명령이 담겨 있었을 것이고, 이와 같은 말에는 명령이 실질적 의미였을 것이다. 우리 집 주변에도 집을 짓고 있는 곳이 많은데, 지나가면서 들어보면, 모두들 그렇게 말하고, 그것은 명령이었다. 비트겐슈타인의 다른 예처럼 꼬마 아이들을 훈육시킬 때에 쓰이는 원초적 언어의 형식 또한 명령인데, 이것은 그 관계가 수직적일 때 더 잘 나타나겠다는 생각이 들었다. 그렇기에 이 언어에 권력이 느껴지고 관계되는 것이겠지.

점심 도시락이 좀 부실해서였는지 5시부터 배가 고팠다. 뭔가 맛있는 걸 먹고 싶은데 돈은 없고 해서 엄마한테 전화했더니 닭갈비를 사준다 하셔서 남자친구랑 우리 동네로 가는 버스를 탔다. 뒤에 앉은 꼬맹이 둘이서 큰 소리로 자꾸 시끄럽게 떠들고 있었다. 한 번 뒤돌아봤다. 그랬더니 옆에 앉은 남자친구가 "시끄럽지?"라고 말했다. 내가 입 밖으로 소리 내서 말하지 않았지만 그 상황(배치)과 내 표정과 행동으로 남자친구는 알 수 있었던 거다. 내가 그 아이들을 신경 쓰고 있었다는 것을. 이것은 잉여성과 관계된 것이 아닐까!

닭갈비 집 도착해서 닭이 익기를 기다리면서 엄마가 남자친구한테 말을 걸었다.

"니는 군대에서 보직이 뭐였노?"

"아, 공병이었습니다."

"그건 뭐하는 거고?"

"건물 짓고 뭐 만들고 하는 겁니다."

"아, 그래, 그래! 그런 걸 해야 밖에 나와서 쓸데가 있지. 진선이 동생들은 보병이라 허구한 날 걸어 다니고 밖에 나와서 뭐 어디다 써 먹겠노! 남자가 전기도 만지고 뭐라도 고칠 줄 알아야지."

"맞습니다, 어머님."

"예속화의 선"이다. 옛날 사람인 우리 엄마를 비롯해 스물세 살 남자친구도 어렸을 때부터 들뢰즈의 예처럼 "남자는 손재주가 있어야 한다"와 같은 언표의 홍수 속에서, 자연스럽게 그 언표의 주체이자 언표행위의 주체로 자라왔던 것이다.

한참 닭갈비에 밥 볶음까지 먹고 있는데 동치미 국물을 다 먹은 걸 보고 내가 앞에 앉아 있던 남자친구한테 숟가락으로 동치미 그릇을 가리키며 "이거, 다 먹었어"라고 말했다. 그러니까 남자친구가 이모님을 불러서 동치미 국물 한 그릇만 더 달라고 했다.

직접적으로 "동치미 국물 좀 더 달라고 말해줘"라고 말하지 않고 간접적인 방식으로 말했지만, 남자친구는 그 배치(상황)에 알맞게 동치미 국물을 주문했다. "동치미 국물 다 먹었으니 그릇을 옆으로 치워줘"라는 생각을 하지 않고, "잉여성이란 그 말의 의미를 더 확실하게 만들어주는 것이구나"라는 생각을 했다.

내 남자친구는 어른들한테는 꼬박꼬박 "-다"라고 말을 끝내는데, 그 말투는 군대식이다. 남자들은 군대에서 다들 그런 말투를 쓰는데, 보통 "-까?, -다"로 대답해야 한다고 한다. 그런 규칙들은 누가 만들었을까? 윗사람들일 테지. 그렇게 보면 언어는 생겨난 그 자체로부터 누군가는 강하게 만들어주고 누군가는 약하게 만들었을 것이다. 높임말도 그렇고, 영어로 예를 들면 "policeman"이라든지. "여자들은 투표도 할 수 없었고, 집 밖으로 잘 나오지도 못했고, 연극에서 배우를 할 수 없었다"와 같이 여자를 수동적으로 한정시키는 옛말이 많이 있었는데, 지금도 여전히 여자를 하위존재로 보는 말들이 존재하고 있는 것 같다. 언어에서 남녀의 불평등을 보여주는 걸 보면 언어의 정치학은 정말 무서운 거다. 나도 모르게 받아들이고 쓰고 있으니까.

하루 동안이었지만 정말 들뢰즈 이론이 적용되는 데가 참 많다는 생각을 했다. 난 그냥 일상생활에서 대화를 하면서 "언어는 대화수단"이라고만 생각해왔는데, 들뢰즈를 공부한 뒤로는 하나하나가 새롭게 받아들여졌다. 들뢰즈에 대해 더 궁금해지는 지금이다.

2.
기호체제와 권력의 얼굴

사람의 목소리는 입에서 발화된다. 사람의 감정을 담은 목소리는 일반적으로 얼굴 표정과 함께한다. 화난 목소리는 화난 표정을 동반하고, 기쁜 목소리는 기쁜 표정을 동반하며, 귀여운 목소리는 귀여운 표정을 동반한다. 들뢰즈는 목소리와 얼굴의 상호관계를 언어 기능의 하나의 구성요소로 간주하여, 언어와 얼굴의 직접적인 연관성에 대하여 논의한다. 목소리가 나오는 곳이 얼굴이고 그 의미가 얼굴에 나타난다는 점을, 들뢰즈는 기표(소리 이미지)는 안면화된다고 말한다. 즉 기표의 안면화는 얼굴에서 자신의 영토를 구축하는 것을 뜻한다.

들뢰즈는 언어와 얼굴의 상호 관련성을 *A Thousand Plateaus*(천 개의 고원)의 5장과 7장에서 이야기한다. 그는 5장에서 언어학의 기호체제를 다루면서 네 가지 범주, 전기표적인 원시적 체제(presignifying primitive regime), 기표적인 전제적 체제(signifying despotic regime), 탈기표적인 정염적 체제(postsignifying passional regime), 반기표적인 유목적 체제(countersignifying nomadic regime)로 구분한다. 각 기호 체제에서 얼굴은 다른 역할을 수행한다. 이는 7장에서 구체적으로 설명된다. 여기서 들뢰즈는 얼굴표정이 의미화와 해석을 위한 물질적인 근거라고 말하며, 안면성(faciality) 혹은 얼굴성이라는 용어를 사용한다.

언어와 기호체제의 다른 배치들 속에서 사람의 얼굴표정은 다양하게 방사되고 많은 의미를 표현한다. 기호체제(혹은 언어)와 안면성에 대한 들뢰즈의 연구에서 중요한 점들 가운데 하나가 바로 권력의 얼굴이다. 그는 "얼굴은 정치다"(*TP* 181)라고 주장하며, 얼굴과 권력 배치의 연관성을 탐사한다. 성난 독재자의 얼굴 혹은 사장님의 얼굴은 하나의 기표로서 역할을 하고, 신하와 부하 직원은 그들의 얼굴에 나타나는 기표의 의미를 해석해야 한다. 살아남기 위해서 혹은 출세하기 위해서.

들뢰즈가 분류하는 네 가지 기호체제 중 얼굴과 관련이 있는 체제는 기표적인 전제적 체제와 탈기표적인 정염적 체제, 그리고 전기표적인 원시적 체제이다. 이 중에서 권력과 직접적인 관계를 가지는 것이 기표적인 전제적 체제이고, 이 체제를 반항하여 거부하는 체제가 탈기표적인 정염적 체제이다. 기표적인 전제적 체제는 전제적 얼굴과 대응하고 탈기표적인 정염적 체제는 돌아선 측면 얼굴과 대응한다. 마지막으로 전기표적인 원시적 체제는 탐사적 머리와 일치한다.

기표적인 전제적 기호체제

소쉬르(F. D. Saussure) 이후 언어학에서 기표는 의미를 표시하는 것, 의미와 관계된 것이었고, 그러므로 기의와 짝을 이루어서만 성립할 수 있는 것이었다. 기표는 간단히 말해 소리 이미지라고 할 수 있고, 기의는 정신적 이미지라고 할 수 있다. 가령 한 사람이 "고양이"라고 말하면, "고양이"라는 소리는 기표가 되고(영어로는 물론 cat이 된다), "고양이"에 담긴 통례적이고 관습적인 이미지는 기의가 된다. 이러한 기표적인 기호이론을 기호학이라고 부른다.

그런데 들뢰즈는 언어를 기표로 보는 구조주의자들의 생각을 비판하면서, 기표적인 기호학이 다른 기호이론들 가운데 유일한 것도, 가장 중요한 것도 아니라고 하며, 네 가지 다른 기호체제를 이야기한다. 기표적인 기호체제, 전기표적인 기호체제, 반기표적인 기호체제, 탈기표적인 기호체제가 바로 그것이다. 이는 기존의 기호학이 기표적인 기호체제를 특권화했던 사실을 염두에 두고, 다른 종류의 기호체제들을 다양하게 보여주려는 들뢰즈의 삐딱하게 보기라고 할 수 있다. 들뢰즈는 네 가지 기호체제 중에서도 기표적인 체제와 탈기표적인 체제를 가장 집중적으로 설명하고 있는데, 이 두 가지 체제는 들뢰즈의 언어학에 나타나는 권력에 대한 비판과 권력의 얼굴을 분석할 수 있는 유용한 기호체제이기도 하다.

들뢰즈는 기호가 연관된 다른 기호들의 관계 속에서 그것에 고유한 의미를 획득하는 것을 의미작용이라고 하고, 이와 같은 방식으로 작용하는 기호체제를 기표적인 기호체제라고 한다. 즉 기표적인 기호체제는 기표들의 의미작용을 핵심으로 하는 기호체제이다. 이 기호체제는 언어활동에서 가장 흔한 체제다. 남편이 "사랑해"라는 기표(소리 이미지)를 말했을 때 아내는 "사랑"의 관례적인 이미지인 기의(정신적 이미지)를 떠올리며 남편의 속뜻을 헤아린다. 이처럼 우리는 일상생활에서 원활한 의사소통을 하기 위하여 기표와 기의의 관계에서 생겨난 의미를 수용해야 한다. 기표적인 의미작용을 통해 의미를 형성하기 위하여 기표는 기의를 선택할 수밖에 없는 것이다.

하지만 데리다(J. Derrida)의 차연 이론처럼, 기표들이 다른 기표들로 무한히 연기될 뿐이라면, 그래서 기표들이 기의 위로 미끄러질 뿐이라면 기표들이 의미를 갖는 것은 불가능하다. 이는 영영사전에서 의미를 파악하는 경우에서 확연히 드러난다. 예를 들면 기표 "power"의 영영사전의 첫 번째 의미는 "possession of controlling influence"로 설명되어 있다. 하지만 기표 "possession"의 의미를 모르면 "possession" 단어를 찾아야 한다. "possession"의 첫 번째 의미는 "the act of having and controlling property"로 되어 있는데, 여기서 "property"의 의미를 모르면 다시 기표 "property"를 찾아야 한다. 이렇듯 하나의 기표의 의미는 무한히 연기되면서 하나의 의미를 갖는 것은 불가능해진다.

이를 탈피하기 위해 들뢰즈는 기표가 다른 기표들이 잠정적이나마 기의를 갖고 고정되게 만드는 특권적인 기표, 특권적인 중심의 역할을 상정하는데, 그것이 바로 전제 군주의 기표이다. 요컨대 기표가 다른 기표로 연기 혹은 소급되는 양상(영영사전에서 기표가 계속적으로 다른 기표로 연기되는 것과 같은 양상)은, 하나의 중심적인 기표, 특권적인 전제 군주의 기표로 환원되는 것으로 귀착된다. 오직 하나의 중심적이고 특권적인 기표로 환원되는 이러한 기표적인 체제를 기표적인 전제적 체제라 부른다.

해석

그런데 전제 군주의 기표 주위를 도는 기표의 연쇄들은 단일하지 않고, 여러 겹으로 둘러싸여 공전하고 있다. 이 여러 겹의 기표연쇄들 또한 전제 군주의 기표로 모두가 환원 가능하다. 환원 가능성 때문에 하나의 원환에서 다른 원환으로 건너뛰는 것이 가능하고, 물론 이는 "의미화의 중심에 자리 잡은 전제 군주의 편집증적 작동"(*TP* 114)에 화답하는 것이다. 중심에 전제 군주가 있고, 그 중심을 여러 원들이 둘러싼 모양이 기표적인 전제적 체제의 형태다.

기표가 선형적으로 다른 기표로 계속 연기되고 지연되어 하나의 의미를 갖는 것이 불가능한 데리다의 차연과는 달리, 들뢰즈의 전제적인 기표는 여러 겹으로 된 기표들의 원환들로 둘러싸여 있으면서 하나의 기표 원환에서 다른 기표 원환으로 전환된다. 하지만 하나의 원환에서 다른 원환으로의 전환이나 도약은 결국 중심적인 전제적 기표로 수렴하면서 잠재적인 하나의 기의를 갖게 된다. 그 어떤 원환들도 절대 전제적 기표의 자기장을 벗어날 수 없다.

전제 군주적인 기표체제가 하나의 기표에서 다른 기표로 언제나 장면을 바꿀 수 있다는 점에서 그 기표체제는 속임수 체제라고도 한다. 기표적인 전제적 체제의 다른 의미인 속임수는 다른 원환으로 비약하면서 등가물을 찾아내고 그런 방식으로 상이한 기표연쇄의 원환 사이를 넘나든다. 뿐만 아니라, "끊임없이 원환이나 나선의 확장을 보장해야 하며, 체제에 고유한 엔트로피를 정복하기 위해, 그리고 새로운 원환이 펼쳐지고 낡은 원환이 다시 만들어질 수 있도록 기표를 재공급"(*TP* 114)해야 한다. 다시 말해 의미화에 복무하는 이차적인 메카니즘이 필요하다는 것이다. 바로 그것이 "주석 혹은 해석"(*TP* 114)이다. 주석과 해석을 통해 "기의는 새로운 면모를 획득한다."(*TP* 114) 이를 행하는 자들이 사제와 예언자이다. 그들은 새로운 해석의 원환을 펼치고 새로운 기표를 공급하지만, 중심에 있는 전제 군주의 기표에서 벗어나지 않는 사람들이다.

이와 같은 예는 절대 군주 혹은 독재자 주변에 있는 간신들 무리에서 빈번하게 나타난다. 간신들은 주군의 말을 주군을 위해 해석한다. 즉 주군의 기표에 다양한 기표들과 해석들을 내놓는다. 특히 독재자의 말 한마디에 간신들은 여러 해석을 내놓으면서 독재자의 마음을 헤아린다. 독재 정권에서 살아남거나 출세하기 위해서. 절대 군주와 간신의 관계는 아니지만, 영화 〈친구〉에서도 이러한 실례를 발견할 수 있다. 영화에서 동수(장동건 역)는 준석(유오성 역)의 부하에게 칼을 맞아 죽는다. 준석이 부하에게 친구 동수를 죽이라는 직접적인 지시는 없었다. 다만, 자신이 피던 담배를 빗물 속에 던지는 장면만 나온다. 동수가 준석의 부하들에게 자행한 행위를 통해, 부하들은 준석의 얼굴 표정과 분위기에서 의미를 해석하여 동수를 죽인다. 동수를 클럽에서 만나고 밖으로 나와서 담배를 피던 준석의 표정은 동수를 죽이라는 기표인지 아니면 큰 부상을 입히라는 기표인지 아니면 진짜로 하와이로 보내라는 기표인지, 여러 기표 원환들을 전환하거나 도약하면서 다양한 의미를 생산할 가능성을 암시한다. 결국 부하들은 그의 대사와 표정을 하나의 기의로서 "살인"이라 해석하고, 동수를 살해하고 만다.

위와 같이 주군의 기표에 다양한 해석이 생겨나기도 하지만, 주군의 기표가 여러 신하를 거치면서 해석들이 계속적으로 행해지기도 한다. 세종대왕의 기표가 영의정 황희에게 전달되고 황희는 여러 대신들에게 왕의 의중을 전달한다. 황희와 대신들은 차례로 왕의 기표에 자신들의 새로운 해석들을 내놓는다. 이처럼 사제와 예언자(혹은 부하들)의 주석이나 해석은 그 자체로 다시 해석과 주석의 대상이 되고, 이런 식으로 중심의 기표를 전하는 다양한 원환들이 증식된다. "해석은 무한히 계속되고, (…) 기의는 기표를 끊임없이 다시 제공하며, 기표를 계속하여 보충하고 생산한다."(*TP* 114)

사제와 예언자의 새로운 해석은 기존의 해석으로 담을 수 있는 한계를 넘어선 지식이나 담론들이 나타날 때 생겨나기도 한다. 대부분 그것은 군주의 기표 아래 군주의 자기장 내에서 행해지는 군주를 위한 해석이다. 이명박 정권의 4대강 사업에서, 우리는 대통령 주위의 원환을 돌면서 대통령-국무총리-지자체 장(혹은 대통령-장관-언론사 사장-언론사 국장…) 등의 순서로 군주의 입맛에 맞게 생겨나는 다양한 해석들을 이미 지켜본 바가 있다—4대강 사업은 일자리를 창출하고 한국의 현 경제와 미래 환경을 살릴 사업 등등의 해석들.

이렇듯 원환들의 중심에 있는 전제 군주의 기표와 그것에 대한 해석은 다양한 의미를 생산할 수 있기 때문에 잉여적인 특성을 갖는다. 즉 전제 군주의 기표와 그것에 대한 종국적 기의는 "잉여성 속에 있는 (…) 기표 그 자체다."(*TP* 114)

얼굴성 혹은 안면성

들뢰즈는 기표의 잉여성이 특수한 표현적 실체가 없이는 생각될 수 없음을 강조하며, 이 표현적 실체를 안면성이라고 지칭한다. 즉 얼굴은 표현의 실체를 구성한다. 기표적인 기호체제가 안면성과 연결되는 것이 이런 이유다. 들뢰즈는 입으로부터 탈영토화되는 기호인 언어, 즉 입에서 발화되는 기표는 얼굴로 재영토화된다고 한다. 그에 따르면, 언어활동은 언제나 안면성이란 특징을 수반할 뿐만 아니라, 얼굴 표정은 의미적 측면에서 잉여성의 총체를 응결시킨다. 얼굴은 기표적인 기호를 방사하고 수신하며 풀어주고 재포획하며, 그 자체로 하나의 전체 신체를 이룬다. 얼굴이 의미화의 중심 신체로서 역할을 하는 것이다. 요컨대 얼굴은 기표적인 체제에 "고유한 아이콘"(*TP* 115)이며, 기표는 얼굴 위에서 재영토화된다. 들뢰즈는 이를 다음과 같이 설명한다.

> 기표에 실체를 부여하는 것은 얼굴 표정이며, 해석할 것을 제공하는 것도 표정이고, 해석이 그 실체에 기표를 다시 부여할 때에도 변하는 것은, 그리고 그 특징을 변화시키는 것은 바로 표정이다. (…) 기표는 언제나 안면화된다. 안면성은 이 모든 의미화 및 해석의 총체 위에 물질적으로 군림한다. (…) 전제 군주 혹은 독재자는 결코 그의 표정[얼굴]을 감추지 않았다. 반대로 그는 하나의 얼굴을, 혹은 동일하지만 다양한 얼굴을 만들어냈다. 가면은 얼굴을 감추지 않는다. 가면은 얼굴이다. 사제는 신의 표정

(얼굴)을 관리한다. 전제 군주에게 모든 것은 공적인 것이며, 공적인 모든 것은 표정에 의해 행해진다.(*TP* 115)

전제 군주의 기표가 안면화되는 과정 속에서 중요한 점은 전제 군주의 얼굴이 명령어를 함의한다는 사실이다. 이는 들뢰즈가 분석한 언어학과 안면성의 관계를 통해 접근 가능하다. 앞에서 이야기했듯이, 들뢰즈의 언어에 대한 관심은 다양한 방식으로 정보를 알려주거나 의사소통을 하는 방법을 포착하는 것이 아니라, "명령어를 방출하고 받아들이고 변환시키는 이 끔찍스런 능력을 정의"(*TP* 74)하고 밝히는 것이다. 즉 언어의 기능은 의사소통도 정보습득도 아닌 명령어의 전달이다. 앞에서 지적한 것처럼 명령어를 함의하고 있는 언표는 암묵적 전제, 간접화법, 그리고 잉여성과 같은 세 가지 특징을 갖는데, 전제 군주 얼굴도 명령어라는 점에서 역시 그러하다.

전제 군주 얼굴처럼 강압적인 분위기는 아니지만, 아버지의 과도한 음주로 화가 난 어머니의 얼굴 역시 이러한 세 가지 특징을 갖는다. 자녀들은 화난 어머니의 얼굴 표정에서 눈치를 보고 밥을 먹으며 자신들의 일을 알아서 수행한다. 어머니가 직접적으로 설거지하라고 명령하지 않았지만, 자녀들은 어머니의 얼굴 표정을 해석하여 스스로 자신들의 그릇을 씻는다. 이렇게 어머니의 화난 표정은 직접적인 명시 없는 간접 화법이고, 오늘 화나고 피곤하니 너희들이 설거지하라는 암묵적 전제가 깔려 있으며, 그 간접적 명시가 또 다른 의미를 함의하기에, 잉여성을 갖는다. 독재자의 얼굴을 보며 간신들이 다양한 해석을 내놓는 것처럼, 화난 어머니의 얼굴을 보며 자녀들도 그렇게 한다. 비록 독재 권력의 강제적인 공포가 없지만.

여기서 들뢰즈는 언표와 행동 사이의 암묵적 전제를 강조한다. 그가 지적하듯이, 명령어란 "암묵적 전제에 대해 모든 말이나 언표가 갖는 관계, 다시 말해 언표를 통해 이루어지거나 그것을 통해서만 이루어질 수 있는 화행에 대해 말이나 언표가 갖는 관계"(*TP* 79)이고, 직접적인 단어들에 실려 간접적인 방식으로 언표되고 전달되는 명령이다. 암묵적 전제 속에서 언어활동은 특정한 행동을 요구하거나 명령한다. "언표는 명령어다"라는 명제 속에서 언표 혹은 명령어는 암묵적 전제와 간접적인 전달 방식으로 언표를 전달받는 사람에게 어떤 행동을 부과하는 것이다.

요컨대 기표가 얼굴에 안면화된다는 들뢰즈의 전제하에 기표적인 전제적 얼굴이 명령어를 발산한다는 점에서, 그 얼굴은 암묵적 전제, 간접화법, 잉여성의 특징을 갖고 있다. 특히 기표적인 전제적 얼굴은 암묵적 전제 속에서 특정한 행동과 결부되어 있다. 절대 권력을 휘두르는 화난 태종 이방원의 얼굴을 상상해보라. 혹은 광기에 사로잡혀 무한 권력을 휘두르는 성난 연산군의 얼굴을 상상해보라. 화난 왕 주위에 있는 신하들의 행동은 왕 얼굴에 표현되는 암묵적 전제, 간접화법, 잉여성의 결과로서 나타난다. "죽는냐! 사느냐!"가 아니라 "살거나 출세하기 위해."

명령어와 얼굴성

권력을 자기 마음대로 악용할 수 있는 전제적 군주의 얼굴은 "하지 않으면 죽어"라는 명령어를 발화하는 표현적 실체가 된다. "전제 군주나 신은 그의 신체 전체이기도 한 자신의 태양 얼굴을 기표의 신체로서 휘두른다."(*TP* 115) 수많은 기표들은 사실 그런 전제 군주의 기표의 변형이고, 조건에 따라 달라지는 전제 군주의 얼굴이다. 이는 조건에 따라 전제 군주가 쓰는 가면일 수 있다. 따라서 그런 기표들의 증식을 관리하는 해석의 사제들은 전제 군주의 얼굴을 관리하는 사람일 것이다. "가면은 얼굴이다. 사제는 신의 얼굴을 관리한다."(*TP* 115)

이러한 기표적인 전제적 체제의 특징은 "기의와 기표의 일대일 대응 관계, 기의보다 자의적인 기표의 우위, 기표의 법과 권위와의 동일화, 그리고 자기-지시적 해석의 무한한 연쇄 속에 기표가 위치하는 것"(*Deleuze on Music, Painting, and the Arts* 83) 등이다. 물론 전제적 왕의 얼굴은 하나의 기표로서 다양한 해석을 내놓는 신하들보다 우위를 점한다. 아니 그 얼굴은 하나의 법이자 권력이다.

들뢰즈는 기호의 전제적 체제를, 사회를 조직화하는 국가 형태와 관련시킨다. 국가의 발생과 함께 다양한 원시적 코드들은 전제 군주에게 배속되는 것이다. 그가 설명하듯이, 국가가 존재하지 않는 원시 사회는 기호들의 중심화된 조직화가 존재하지 않는다. 동물, 식물, 장소, 신성한 대상, 신체, 부족, 신 등이 의미를 갖지만, 그것들의 상호 연관성은 국지적으로, 특정하게, 그리고 이질적으로 존속한다. "그것은 선분적인 기호학이지만, 다선적(多線的)이고 다차원적인 기호학이고, 그것은 이미 모든 기표적 원환성과 투쟁한다."(*TP* 117) 하지만 국가의 탄생과 더불어 탈중심적이고 탈조직적인 기호들은 기표적인 전제적 체제 속에 귀속된다.

그런데 전제 군주의 언표 혹은 얼굴은 신하들과 사제들의 내적 원환에 의해, 그리고 각 지역과 지방 관리들 등의 발산적 원환에 의해 무한적으로 해석되지만, 전제 군주는 모든 의미작용을 통합하는 근원이 된다. 신하들과 사제들 혹은 지방 관리들의 다양한 해석 중에서 전제 군주의 마음에 들지 않는 해석은 그 자체로 의미를 상실한다. 모든 기호가 전제 군주에게 다시 보내지지만, 그것들은 그의 정면 얼굴에 등록되고, 그 기호들의 의미를 결정하는 그의 얼굴은 권위를 코드화하는 하나의 신체로서 전방에 빛을 발한다. 물론 전제 군주의 잉여적인 얼굴은 암묵적으로 명령어를 발화하는 역할을 수행하고, 신하들과 사제들은 그 얼굴의 의미작용 혹은 의미화에 복속되는 예속화된 주체가 되면서 전제 군주의 얼굴에서 표현되는 명령을 행동으로 옮긴다. 전제 군주의 얼굴은 이렇게 권력의 얼굴로서 자리매김한다. 여기서 얼굴=명령=법=권력이라는 도식이 그려진다.

탈기표적인 기호체제의 얼굴 돌리기

탈기표적인 체제는 기표적인 의미화의 중심에서 벗어나는 체제로서, 나선환에서 벗어나 탈주선이 시작되는 지점에서 출발한다. 이는 기표적인 권력에 익숙하게 길들여져 그 권력에 복종하던 것을 끝내고 그로부터 얼굴을 돌리는 데서 시작된다. 이런 의미로 탈기표적인 체제가 얼굴 돌리기 혹은 배신의 체제라고 불린다. 물론 탈기표적인 체제는 기표적인 체제와 다른 얼굴을 갖는다. 기표적인 체제가 전제 군주의 얼굴, 정면에서 똑바로 나를 쳐다보며 자신의 기표를 방사하는 얼굴이라면, 탈기표적인 체제에서 고유한 얼굴은 옆으로 돌린 측면 얼굴이다.

전제 군주에게 얼굴을 돌린 제국의 백성에게 전제 군주는 죽음을 선고하면서 다시 얼굴을 돌리게 마련이다. 이런 예는 최근 CF에서도 패러디된 영화 〈달콤한 인생〉에서 찾아볼 수 있다. 조직의 보스(김영철 분)와 2인자(이병헌 분)가 마주보는 하이라이트 장면에서, 자신을 죽이려는 보스에게 배신감을 느낀 이병헌은 "나한테 왜 그랬어요. 말해보세요. 왜 그랬어요!"라고 말하고, 이병헌이 자신의 애인(신민아 분)을 사랑한다는 것을 감지한 김영철은 "넌 나에게 모욕감을 줬어!"라고 하며 이병헌과 대치한다. 이병헌은 절대 복종을 해야 하는 보스가 자신을 죽이려는 것에 대한 배신감으로 보스의 명령어 체제 혹은 기표적인 전제적 체제에서 벗어나 그에게서 얼굴을 돌리고, 보스 또한 믿었던 부하에 대한 배신감으로 그에게서 얼굴을 돌리며 그를 죽이라는 명령을 내린다.

서로 얼굴을 돌린 채 군주의 언표의 의미가 전달되는 않는 바로 이 지점이 기표적인 의미화 체제가 끝나는 곳이고, 새로운 체제로 넘어가는 곳이다. 이 지점은 탈기표적인 체제가 시작되는 곳이고, 탈기표적인 체제는 탈주선에 의해 시작된다. 왜냐하면 탈주선에는 "지배적인 의미작용과 확립된 질서 세계에 대한"(*Dialogue* 41) 배신이 있기 때문이다. 탈기표적인 체제에서는 더 이상 군주 주위를 도는 원환이나 군주 주위에서 확장되는 나선과 관련된 의미화의 중심은 없으며, 선의 출발점을 이루는 주체화의 점만이 있다. 때문에 들뢰즈는 탈기표적인 체제를 주체화의 체제라고도 부른다. 여기서는 더 이상 기표-기의 사이의 일대일 관계가 없으며, 주체화의 점에서 유래하는 언표행위 주체와, 그 나름대로 최초의 주체와 결정 가능한 관계를 갖는 언표 주체가 있을 뿐이다. 탈기표적인 체제가 배신의 형태를 갖고 주체화의 체제라는 말은 아래의 설명처럼 1장에서 이야기한 것에 적용하면 쉽게 이해된다.

탈기표적인 체제는 살펴본 것처럼 명령어가 효력을 잃고 부적절한 것으로 간주되는 체제이다. 한국 사회에서 의식적으로든 무의식적으로든 명령어로 작용하는 "우리는 출세하기 위해서 일류대학을 나와야 한다"라는 언표를 생각해보자. 이 언표에서 언표 주체는 "우리"고, 언표행위의 주체는 "한국의 일반 학생"이다. 앞에서 언표 주체와 언표행위 주체가 동일시되거나 포개질 때 예속화의 선을 따른다고 했다. 한국 학생들은 자기 적성이나 꿈과는 다소 관련이 없이 오직 성공의 디딤돌로서 일류대학을 가기 위해, 사회적 관습이라는 명령을 따르기 위해 열심히 공부한다. 하지만 관행적인 일류대학=

성공이라는 공식을 무시한 채, 입시교육을 거부하고 자신만의 희망을 찾기 위해 대안학교를 들어가서 소소한 꿈을 찾아가는 학생들이나 이를 지원하는 부모님들이 엄연히 존재한다. 이러한 학생들이나 부모들은 명령어적인 속성을 지니는 "출세하기 위해서 일류대학을 나와야 한다"라는 언표를 받아들이지 않고 언표 주체와 동일시되는 것을 거부하여 대안학교를 찾거나 혹은 예술적인 재능을 계발시킨다. 이 학생들(혹은 부모들)은 위의 언표에 예속되지 않는 새로운 주체가 된다. 이 주체는 예속화된 주체가 아니라, 기존의 "일류대학=성공"이라는(다른 선택이 없기에 어쩌면 전제적일 수 있는) 기표를 배신하고 탈주하여 탈기표적인 체제를 형성하는 주체이다. 이 주체는 위의 언표에서 언표 주체인 "우리"와 언표 행위의 주체인 "한국의 일반 학생"이 포개짐으로써 예속화되고 수동화된 주체화를 벗어나 새로운 주체화의 점을 형성한다. 탈기표적인 체제가 전제적인 기표체제의 탈주이고, 배신이며, 새로운 주체화의 점의 탄생이라는 말은 이런 의미에서다.

주의할 점은 이 체제가 긍정적인 탈주만이 있는 것은 아니라는 점이다. 기존의 전통적인 형식과 틀을 깨뜨리고 새로운 예술적 형식과 내용을 창안한 후기 인상주의 미술가와 같은 긍정적인 탈주도 있다. 하지만 예술적인 모티브를 얻기 위해 마약을 하는 예술가, 자신의 다양한 목적을 위해 뇌물을 받는 공직자, 국민의 심부름꾼이 아니라 권력의 중심에서 만행을 저지르는 국회의원 등, 우리가 아름답게 공존하기 위해 필수적인 다양한 언표를 거부하는 행위를 일삼는 사람들의 탈주는 부정적인 것임에 틀림없다.

이와 같이 기표적인 체제의 속임수와 탈기표적인 체제의 배신은 본질적으로 다른 체제에 속하는 것이다. 탈기표적인 체제에는 속임수가 없으며, 배신이 있을 뿐이다. 어떠한 새로운 해석도 배신을 의미하고 얼굴을 돌리는 것이 될 뿐이며, 배신 혹은 얼굴 돌리기는 주체화 체제의 중요한 특징이라고 할 수 있다. 간단히 말해, 탈기표적인 체제는 기표의 전제 군주의 얼굴과 그것에 대한 선지자의 해석에 생기를 불어넣는 속임수의 체제가 아니라, 배신의 체제이자 돌아선 얼굴을 갖는 체제이다.

『햄릿』에서 기초체제의 혼성과 변환

앞에서 언급했듯이, 들뢰즈는 기호체제를 네 가지로 분류한다. 하지만 대부분의 기호체제는 순수하고 단일하지 않으며, 대개는 둘 이상이 섞여서 이루어진 혼성체제이다. 기호체제가 혼성적이며 오직 혼성적인 결합을 통해 기능하기에, 각각의 기호체제는 하나 혹은 다른 많은 파편들을 강제로 포획한다. 그러므로 기표적인 기호체제가 기호체제에 일반성 혹은 보편성이라는 형태로 특권을 가질 수 없다. 다시 말해 각각의 기호체제의 구체적인 혼성의 가능성은 분명히 드러난다.

이와 같은 기호체제의 혼성적인 측면은 희곡 『햄릿』에서 쉽게 발견된다. 『햄릿』은 인물 간의 관계망이 너무나 정교하게 교직되어 있고, “극중 인물들의 병치화”가 가장 중추적인 플롯 전개 양식이다.

그래서 여러 인물 간의 관계 속에서 혼성적인 기호체제는 다양하게 나타난다. 특히 형을 죽이고 새롭게 왕이 되는 클로디우스(Claudius)를 중심으로 한 권력적 배치는 기호체제와 권력의 얼굴을 분석할 수 있는 중요한 단서가 된다. 대략적으로 『햄릿』의 플롯은 유령의 출현, 햄릿(Hamlet)의 위장된 광기, 극단의 극중극, 왕비 거투루드(Gertrude)의 거실 장면, 햄릿의 플로니우스(Polonius) 살해, 영국으로의 항해, 오필리어(Ophelia)의 실성과 자살, 햄릿과 레어티즈(Laertes)와의 결투 등으로 구성된다.

1막에서 햄릿의 숙부인 클로디우스는 자신의 형인 햄릿 왕을 죽이고서 왕이 되고, 햄릿의 어머니인 거투루드와 결혼을 한다. 군주가 된 클로디우스의 언표는 기표적인 기호체제를 구성한다. 하지만 햄릿은 자신의 아버지를 살해한 숙부와 그 숙부와 결혼한 어머니에게 얼굴을 돌리며 광기에 휩싸인 듯 탈기표적인 기호체제를 형성한다.

또한 햄릿의 명령으로 햄릿 왕의 살해 장면을 재연하는 극단은 연극 속에서 다성적이고 초코드화*된 몸짓들을 공연함으로 전기표적인 기호체제를 구축한다. 전기표적인 기호체제는 원시적이라고 간주되는 기호계로서, 기호 없이 작동하는 자연적 코드화에 가깝다. 여기서는 어떤 것도 표현의 실체로서의 안면성으로 환원되지 않는다. 또 기의의 추상에 의해 내용의 형식을 제거하는 경우도 전혀 없다. 그것은 기표에 의한 권력 장악을 피하고 내용 그 자체

* 들뢰즈의 초코드화 개념은 다양한 코드들을 단일한 코드로 통합하는 의미를 갖는다.

에 고유한 표현 형태를 보존하는 표현 형식의 다원성과 다의성을 위한 것이다. 그리하여 신체성, 몸짓성, 리듬, 춤, 제전의 형태가 이질성 안에서 교차되고 잇닿는다.(『노마디즘 1』 356) 앞에서 지적한 대로 이 기호체제는 국가의 탄생과 더불어 기표적인 기호체제에 귀속된다.

마지막 네 번째로 햄릿 왕의 유령을 목격하는 덴마크의 군대와 노르웨이 포틴브라스(Fortinbras)의 군대는 번호적인 방식으로 조직되어 반기표적인 기호체제를 이루고 있다. 반기표적인 기호체제는 1대대, 1중대, 1소대와 같은 번호와 다양한 암호를 사용하는 방식으로 흔히 군대에서 사용된다.

그런데 조건에 따라, 그리고 배치에 따라 지배적인 혹은 일차적인 위상을 차지하는 것이 있겠지만, 조건이나 배치가 달라지면서 기호체제는 다르게 변화한다. 하나의 기호체제가 다른 기호체제로 번역되거나 변환될 수 있는 것이다. 가령 반기표적인 기호계인 암호는 기표적인 기호체제로 변환될 수 있고, 그 반대도 마찬가지다. 들뢰즈는 이 기호계의 변환을 다섯 가지로 나누어 설명한다.

어떤 기호체제를 전기표적인 체제로 옮겨놓는 모든 것을 유비적 변환이라고 부르고, 기표적인 체제로 옮겨놓은 것을 상징적 변환, 반기호적 체제로 옮겨놓는 것을 논쟁적 혹은 전략적 변환, 탈기표적인 체제로 옮겨놓는 것을 의식적 혹은 의태적 변환이라고 한다. 마지막으로 기호체제를 절대적이고 긍정적인 탈영토화가 이루어지는 일관성의 평면 위에서 발현시키는 것을 다이어그램적 변환*이라고 한다.

먼저 『햄릿』에서 전기표적인 체제로 옮겨놓는 유비적 변환은 햄릿에게 명령을 받고 햄릿 왕의 죽음을 무언극으로 표현하는 극단을 통해 진행된다. 햄릿은 아버지가 살해된 사건의 진실을 알기 위해 극단에게 그 상황을 재연하라고 하고, 그 극단은 햄릿 왕을 살해한 클로디우스의 행위를 몸짓으로 재현한다. 이 무언극의 장면은 햄릿 왕의 죽음의 의미를 몸짓으로 표현함으로써 기표적인 체제를 전기표적인 체제로 옮겨놓은 유비적 변환의 역할을 한다.

하지만 클로디우스가 암시적인 무언극을 관람한 후, 햄릿이 모의한 무언극의 의미를 파악하는 순간 전기표적인 기호는 기표적인 기호로 변환된다. 이는 기표적인 체제로 옮겨놓는 상징적 변환의 구체적인 실례이다.

또한 기표적인 기호로 변환된 예는 새롭게 왕이 되는 클로디우스에서 드러난다. 왕이 됨으로써 그의 언표와 얼굴은 전제 군주의 얼굴이 절대적 의미의 명령어를 방사하듯, 폴로니우스, 로젠크랜츠(Rosencrantz)와 길덴스턴(Guildenstern)이 복종할 수밖에 없는 암묵적인 명령어를 표현한다. 그리고 폴로니우스는 클로디우스의 언표와 얼굴을 해석하는 역할을 한다. 물론 클로디우스와 플로니우스가 햄릿

* 다이어그램적 변환은 어떤 기호체제에서 다른 기호체제로 변환하는 것이 아니라 어떤 기호체제를 절대적이고 긍정적인 탈영토화가 이루어지는 일관성의 평면으로 나아가게 하는 것이다. 이는 언어적인 기호체제와 무관하다는 것을 명시적으로 보여주는 것이다.(『노마디즘 1』 412) 이 변환은 『햄릿』에 적용되기에는 다소 무리가 따르고, 동양적 사유인 도(道)의 의미에 적용하는 것이 더욱 적절하다.

에게 말하는 언표는 기표적인 기호체제의 특징인 속임수를 함의하고 있다. 한편 정염적인 선을 타며 탈기표적인 기호체제를 표현하는 햄릿은 호레이쇼(Horatio)에게만큼은 기표적인 기호를 내놓는다.

세 번째는 논쟁적 혹은 전략적 변환으로서, 이는 어떤 기호체제를 반기표적인 체제로 옮겨놓는 것이다. 이는 3막 1장에 나오는 햄릿과 오필리어의 대화 장면에서 구체화된다. 클로디우스와 거투루드를 포함한 여러 사람들은 햄릿의 광기를 의심한다. 그래서 클로디우스와 왕비는 햄릿의 병의 원인이 사랑에서 온 것인지 알아보기 위해 그와 오필리어의 우연한 만남을 준비한다. 그 만남에서 햄릿은 더욱 광란한 태도를 보인다. 이를 엿보던 클로디우스는 사랑 때문만은 아니라고 단정하면서 햄릿을 그대로 두면 위험하니 영국에 보낼 것을 결정해야겠다고 말한다. 햄릿의 행동이 자신의 복수심을 숨기는 역할을 한다는 점에서 논쟁적 혹은 전략적 변환의 역할을 한다고 볼 수 있다.

네 번째는 의식적 혹은 의태적 변환이다. 이러한 예는 기표적인 체제를 탈기표적인 체제로 변환시키고, 주체화 체제를 구성하는 것과 관련이 있다. 1막에서 햄릿은 어머니의 갑작스러운 결혼에 충격을 받고 유령과의 만남을 통해 아버지가 살해되었다는 의심을 하게 되며, 3막에서 무언극을 통해 클로디우스가 아버지를 살해했다는 사실을 확신한다. 이런 상황에서 햄릿은 기표적인 기호체제 형성을 거부하고 탈기표적인 기호체제의 특징을 대변하듯 지속적으로 광기에 빠진 주체화의 선을 그린다. 물론 그에게 숙부의 언표는 기표적인 역할을 하지 못한다. 하물며 사랑했던 오필리어까지도. 그는 탈기표적인 현상으로서 광기 속에 빠진 햄릿으로 살아간다.

『햄릿』의 예에서 알 수 있듯이, 모든 기호체제는 혼성적인 체제라고 할 수 있고, 네 가지 기호체제의 개념은 그러한 혼성적인 체제를 구성하는 일종의 발생적 요소들의 복합체로 존재하고 있음을 의미한다. 이를 들뢰즈는 기호체제를 구성하는 발생적 성분이라고 말한다. 발생적 성분은 "다양한 추상적 체제들이 어떻게 구체적이고 혼성적인 기호계를 이루는지, 또 그것은 어떤 변수와 더불어 그러하며 그것들은 어떻게 결합하는지, 거기서 지배적인 것은 또 무엇인지를 보여준다."(*TP* 139) 더불어 기호체제의 변환에서처럼, 하나의 기호체제가 어떻게 다른 기호체제로 변하는지, 그 와중에 어떻게 해서 변이가 발생하는지를 설명하는 요소를 변환적 성분이라고 한다. "이는 기호체제들이 어떻게 하나에서 다른 것으로 변하는지, 더욱이 새로운 것을 창출하면서 그러는지를 보여준다는 점에서 그러하다."(*TP* 139) 바로 변환적 성분이 어떤 기호체제에 독창성을 부여하거나 독창적 기호체제를 새롭게 창조한다—하나의 기호체제가 발생한다는 점을 부각시키는 발생적 성분과 다른 기호체제로 변환하는 점을 부각하는 변환적 성분. 이 발생적 성분과 변환적 성분을 우리의 일상 정치에 적용해보면 쉽게 이해 가능하다.

민주 정부가 쿠데타로 인해 무너지고 독재 정부가 탄생하는 순간 독재자 주변에는 네 가지 기호체제 중에서 기표적인 전제적 기호체제가 우위를 점할 가능성이 농후하다. 독재자의 말은 곧 법이 되고, 그 말을 듣지 않으면 죽임을 면할 수 없다. 이런 식으로 독재 정권이 들어선 후 네 가지 혼성 기호체제에서 기표적인 전제적 기호체제 중심으로 구성되는 것이 발생적 성분이라고 할 수 있다. 하지만 독재 정부의 지속적인 부패와 독재자의 노쇠화, 무능 등으로 인해 독재자의 명령을 거부하는 사람들이 생겨나면서 탈기표적인 기호체제가 형성될 수 있는데, 이는 기표적인 전제적 기호체제에서 탈기표적인 기호체제로의 전환을 의미하는 변환적 성분이라 할 수 있다.

이러한 변환전 성분의 잠재적 가능성이 있는 노쇠한 독재자의 얼굴은 더 이상 신하들에게 명령을 발하는 얼굴도 아니고, 신하들의 해석들을 다시 수렴하는 얼굴도 아니다. 그 노쇠한 얼굴은 명령이 명령으로서 역할하지 못하는 명령어의 순간성을 암시할 뿐이고, 탈기표적인 얼굴 돌리기가 발생할 가능성을 연다. 탈기표적인 얼굴 돌리기를 통해 노쇠하고 무능한 독재자를 몰아내고 정권을 잡은 사람이 독재자의 기표적인 전제적 기호체제를 구성할 것인지 아니면 다양한 혼성 기호체제가 구성되도록 독려할 것인지는 우리 역사와 현 한국 정치상황을 통해 쉽게 짐작할 수 있을 것이다.

3.
들뢰즈의 권력과 탈주

들뢰즈의 중요한 문제의식 가운데 하나가 재현(re-presentation)이다. 재현은 "다시 나타나게 하는 것"을 의미한다. 이러한 다시 나타남은 언제나 자신이 갖고 있는 기존의 준거적인 것을 그대로 모방하고, 그 준거와 동일성을 유지하고 강화하는 방식으로 나타난다. 재현을 통한 사유 혹은 재현적인 사유는 준거와 동일화되려는 의식활동이라는 점에서 동일성에 의한 사유를 뜻한다. 그런데 동일성에 의한 사유는 고착되고 계층적이며 어쩌면 획일적인 사유를 양산할 가능성을 띤다. 재현이 준거를 통례적으로 다시 나타나게 하면서, 차이의 사유를 거부하고 준거 권력이 중심이 된 계층적인 사유를 구체화하기 때문이다. 이런 이유로 재현은 권력의 정치학을 함의한다고 볼 수 있다.

재현이 권력의 정치학을 함의한다는 점을 성형수술과 접목시켜 보자. 최근 연예인들이나 미인대회 참가자들은 성형수술을 많이 하고 있다. 그런데 성형수술을 한 사람들을 유심히 살펴보면 대부분 눈, 코, 입, 얼굴 윤곽이 유사한 형상을 하고 있음을 알 수 있다. 미의 기준이 다양하고 그 기준 또한 시대에 따라 달라졌건만 한국은 성형외과 병원에서 지정한 표준 미모에 따라 사람들을 수술하고,

사람들도 그 기준에 맞게 눈, 코, 얼굴라인 등을 수술해 달라고 요청하고 있다. 여기서 표준 미모를 가진 연예인은 미의 준거가 된다. 사람들은 그 준거를 모방하거나 그것과 동일화되고 싶어 한다. 준거인 미를 다시 나타나게 하는 재현의 방식이 성형수술을 통해 시행된다. 그 결과 계층적이고 획일적인 미의 척도가 정해진다. 우리 또한 그 척도에 따라 획일적으로 아름답고 추함을 결정하게 된다. 다른 선택은 없다. 오직 재현의 논리로 채택된 미의 준거만이 사람들의 무의식을 지배하고 통제한다. 재현이 권력의 정치학이라는 말은 이런 의미에서다.

재현의 권력에 항거하면서 리좀적인 창조성과 실험을 지향하는 들뢰즈의 사유의 이미지는 탈중심화된 양식과 관련이 있다. 탈중심화되고 비계층적이며 수평적인 다양성 속에서, 어떤 요소도 다른 요소들과 연결될 수 있는 리좀은 이질적인 요소들과 공존하고 결합하면서 무한한 창조의 가능성을 암시하는 개념이다. 리좀은 변이, 확장, 정복, 포획, 분기에 의해 작용한다. 그리고 리좀은 지도다. 여기서 지도는 지면을 그대로 옮겨놓은 완성된 그림이 아니라, 생산되는 과정과 구성되는 과정이 살아 숨 쉬는 것이자, 언제나 분리 · 연결 · 수정될 수 있는 것을 의미한다.

지도로서 리좀은 고정된 의미를 드러내지 않고, 현실 속에서 접속을 통한 실험과 그 실험에 대한 부단한 보완과 수정을 상정하는 개념이다. 리좀은 또한 이리저리 연결된 고원들이다. 이 고원에서 저 고원으로 다양한 길과 출입구가 연결된 고원들의 집합이다. 들뢰즈의 작업은 리좀의 방식을 따른다. 그는 다양한 출입구와 그 자체의 탈주선을 갖는 지도를 그리고, 일상에서 다채로운 접속을 통한 지속적인 변이를 강조한다. 이는 긍정적이고 창의적인 탈영토화를 추구하며, 준거를 그대로 모방하면서 창조적인 활동을 거부하는 재현의 권력을 전복시키거나 혹은 의식적으로든 무의식적으로든 재현을 당연한 것으로 여기게 만드는 정치권력을 변형시키는 것을 목적으로 한다.

이러한 들뢰즈의 사유는 인간 존재의 새로운 해방적 양식을 창조하기 위해 코드화되고 권력적인 기존 담론과 제도의 탈영토화를 강조한다. 물론 들뢰즈의 사유는, 욕망과 무의식의 긍정적인 탈주를 통한 새로운 생성을 지향한다. 들뢰즈의 이러한 접근을 "창조성의 정치학"이라고 부를 수 있다. 이와 같은 들뢰즈의 사유는 예술, 언어, 정치 등의 분야에서 명확하게 드러나고, 그는 그 분야에서 "창조성의 정치학"을 구체화한다.

재현의 권력으로부터의 탈주

재현이라는 말에서 재(re)는 차이를 파괴하는 동일자의 개념적 형식을 의미한다. 이 말은 드러냄(presentation)과 같이 직접적으로 존재하는 무언가를 다시 드러나게 하는 의식의 활동을 가리킨다. 간단히 말해 재현이란 서로 차이를 가지며 다양하게 나타난 것들을 다시 모아서 동일한 하나에 종속된 것으로 드러나게 하는 인간 의식의 활동이라고 할 수 있다.

예술에서 재현의 개념은 표상 혹은 모방과 유사한 것으로 간주된다. 모방으로 본 예술에는 재현과 재현대상 사이에 복사물과 원본 사이의 유사성의 관계가 존재한다는 의미와, 그러한 시각적 닮음에 의해 회화적 환영이 발생하여 재현으로서의 예술이 성립된다는 의미가 함축되어 있다. 나아가 재현으로서의 예술에서는 대상을 원래 사물에 가깝게 모방하는 것, 즉 그 사물의 형상을 화폭에 더 많이 나누어 가지는 것이 중요해진다. 한 사물의 가치-존재론적 위상이 각 사물에 해당되는 형상을 얼마만큼 다시 드러내는가에 좌우되는 것이다. 그러므로 예술에서 재현의 개념은 원본을 온전하게 모방하는 동일성으로의 환원이라는 의미를 함의한다고 볼 수 있다.

들뢰즈는 『차이와 반복』(*Difference and Repetition*)에서 현대적 사유는 재현의 전복 속에서 탄생했고, 동일성의 소멸과 더불어, 동일자의 재현 아래에서 꿈틀거리는 모든 힘의 발견과 더불어 태어난 것이고, 현대는 시뮬라크르(simulacre)의 세계라고 설명한다. 이데아에 절대 가치를 두면서 이데아와의 동일성 원리를 위해 시뮬라크르를 철저하게 배타하는 플라톤(Platon)에 대한 비판을 통해, 들뢰즈는 재현의 전복을 시도한다. "이데아는 소멸되지 않는다"(*TP* 235)라고 지적하듯이, 이것은 우주에 있어서 영원불변하고 자기 동일적인 최고의 존재이며, 모든 것의 원형이자 최고의 선이다. 따라서 존재세계의 가시적인 모든 자연과 사물은 초월적 형상의 반영이고, 동시에 이것의 복사물에 지나지 않는다.

이에 입각하여 플라톤은 예술을 자연이나 사물과 같은 실재를 모방하는 것이라고 말한다. 예술이 자연이나 사물과 같은 형상의 복사물을 다시 모방한다는 점에서, 그는 예술의 본성을 모방으로 간주하였다. 예를 들어 플라톤에게 있어 시는 영원하고 진실한 근거에 대한 모방의 모방이므로 속임수이다. 예술은 우리 현실을 드러내는 실재와는 한 단계 떨어져 있고, 실재의 근저에 놓여 있는 초월적 형상으로서의 이데아인 초실재와는 두 단계나 떨어져 있는 것으로 간주되어 저급한 것으로 취급받는다. 재현으로서의 예술이 원본의 모방을 강조하는 것처럼, 실재는 이데아와의 유사성과 닮음의 정도에 의해, 그리고 예술품은 실재와의 유사성과 닮음의 정도에 의해 서열이 정해진다. 플라톤은 예술이 존재의 가장 낮은 등급인 가상과 환영적인 것이기에, 그것을 거부한다.

플라톤에게 복사물이 파생적인 내적 유사성에 입각해 판단되는 것처럼, 그것은 원본의 자기동일성에 의해 그 존재가 정당화된다. 따라서 좋은 모사는 원형을 모방하는 것이고, 나쁜 모사는 원형이 부과하고 사물이 받아들이는 질서를 벗어나는 것, 즉 원형을 거부하는 것이다. 플라톤은 이 나쁜 모사를 시뮬라크르라고 한다. 원형을 거부하기에 복사물의 복사물인 시뮬라크르는 근거를 상실한다. 이런 결과로 플라톤의 이데아는 복사물의 세계보다 우위에 서고, 재현의 투명한 진리는 불투명하고 애매한 시뮬라크르적 이미지 위에 군림하는 반면, 시뮬라크르를 표현하는 예술가의 세상은 진리와 동떨어진 가상의 세계가 된다.

들뢰즈는 플라톤의 이분법에서 나눔의 방법에 문제를 제기한다. 플라톤의 나눔의 목적은 하나의 유(genus)를 종들로 나누는 것이 아니라, 혈통을 선별하는 것, 즉 위장자들을 구별하고, 순수한 것과 순수하지 못한 것 그리고 진짜와 가짜를 구분해내는 것이다. 이 나눔의 양극단에 진리와 시뮬라크르가 배치되어 있고, 모든 존재자는 진리와의 유사성 정도에 따라 등급화된다. 그 극단에 놓여 있는 시뮬라크르는 복사물과도 구분된다. 왜냐하면 복사물이 이데아와의 유사성에 근거하는 데 반해, 시뮬라크르는 복사물의 복사물로서 비유사성의 관계로 존재하기 때문이다. 그러므로 시뮬라크르는 플라톤의 철학에서 가장 극단에 위치한 일탈로서 간주되고, 유사성과 동일성이라는 재현의 논리에 의해 작동되지 않으며, 그런 논리 속에 사로잡히지 않는 불안하고 혼란스런 이미지이다. 더불어 그 이미지는 그 어느 것으로도 환원되지 않는 독자적인 물질성을 소유하고 있다. 이런 플라톤의 입장에서 볼 때 시뮬라크르는 유사성을 박탈당한 악마적 이미지이며, 우리는 그것을 쫓아내야 한다.

여기서 들뢰즈가 플라톤을 비판하는 요지는 플라톤의 철학 전체를 대변한다고 볼 수 있을 플라톤의 나눔의 방법이 실재와 그 이미지, 원형과 복사물, 복사물과 시뮬라크르를 철저히 구분하여 후자를 전자에 종속시킨다는 것이다. 양자의 차이를 동일성 혹은 유사성에 근거하여 드러냄으로써, 양자의 차이를 차이 그 자체로서 드러내지 못한다는 점을 밝힌다. 이렇게 플라톤은 차이를 전적으로 근거 혹은 초월적 형상에 관련지어 동일성에 종속시키고, 복사물이나 시뮬라크르와 이데아를 구별 짓게 하는 차이를 이데아와의 유사성에 의해 판단하기 때문에, 차이의 정도는 이데아를 얼마나 모방하는가에 달려 있다. 다시 말해 플라톤의 동일성의 철학은 이데아를 모방하는 복사물, 복사물을 모방하는 복사물의 복사물에서 차이를 제거함으로써 이데아와 복사물, 복사물과 복사물의 복사물에 나타나는 차이의 반복을 차이 없는 반복으로 만든다.

> 플라톤 철학 전체를 관통하는 유일한 문제, 학문과 기술들에 대한 플라톤의 분류를 주재하는 유일한 문제가 있다면, 그것은 언제나 경쟁자들을 가늠하는 데 있다. 그것은 지망자들을 선별하는 문제이고, 유사 유나 거대 종의 한가운데서 사물과 그것의 허상*을 구별하는 문제이다. 중요한 것은 차이를 만드는 것이다.(『차이와 반복』 153)

플라톤과는 대조적으로 들뢰즈는 차이를 동일성에 포섭하거나 대립에 가두지 않고, 차이를 차이로서 포착하려고 한다. 들뢰즈에 의하면, 차이의 철학에서 차이를 본다는 것은 어느 것이 갖는 남다른 특이성을, 다른 통상적인 것과 구별해주는 특이성을 포착하는 것이다. 들뢰즈의 철학은 차이를 긍정하는 태도를 제안하고 촉발하고자 한다.

차이를 긍정한다는 것은 문화의 다양성 속에서 다른 사람, 다른 문화의 차이를 인정하거나 그것을 보존하는 것을 강조하는 것이 아니다. 차이의 긍정은 일차적으로 자기 자신에 대해 차이를 만드는 것이고, 자기 자신이 다른 것으로 변이하는 것이며, 자기 자신과 다른 것이 만나서 다른 무엇인가가 되는 것이다. 즉 차이의 긍정은

* 여기서 허상은 시뮬라크르를 의미한다.

있는 그대로를 인정해야 하는 것이 아니라 새롭게 만들어내야 할 것이며, 있는 그대로를 보존해야 하는 것이 아니라 현재와 다른 모습으로 변이함으로써 생성하는 것이다. 들뢰즈의 차이와 생성 개념이 잇닿는 이유는 이런 의미에서다.

재현을 거부하는 생성적 사유는 들뢰즈의 예술철학에 잘 드러난다. 들뢰즈가 강조하는 예술은 재현의 권력에 의지하는 것이 아니라 생성의 힘에 호소하는 것이다—재현의 권력에서 탈주하여 생성의 힘에 호소하는 예술. 예술에서 그의 "창조성의 정치학"은 재현의 권력에 나타나는 동일성의 원리를 제거하고, 차이와 반복을 통해 나타나는 긍정적이고 생성적인 힘과 자유롭고 창조적인 변이를 표현하는 것이라 할 수 있다.

이러한 실례가 가장 적절하게 드러나는 것이 프란시스 베이컨(Francis Bacon)의 회화이다. 들뢰즈는 베이컨의 회화론을 분석하면서 "비유사적인 방법에 의해 생산된 유사성"을 강조한다. 비록 베이컨의 「그림」(1946)이 어떤 대상과의 유사성(혹은 닮음)과 관련이 있다고 여기지만, 그 유사성은 결코 관습적으로 규정되는 닮음을 통해 나타나는 것이 아니다. 그것은 닮음과 아무런 관련이 없는 것을 통해 무한히 잠재적인 것들이 현실화되는 과정 속에서 발생하게 된다. 즉 닮음 혹은 유사성은 생산되는 것이다.

원래 「그림」을 그릴 때 베이컨은 들판에 내려앉는 새를 그리려고 했다. 이는 새를 그대로 재현하는 것이다. 하지만 베이컨은 그대로 재현하지 않는다. 그러면서 다음과 같이 설명한다.

“갑자기 내가 그렸던 선이 무엇인가를 전체적으로 다르게 암시했고, 이런 암시에서 이 그림이 생겨났다. 나는 이 그림을 그리려고 의도하지 않았다. 나는 결코 그런 방식으로 그것을 생각하지 않았다. 그것은 다른 사건 위에 올라서는 하나의 연속적인 사건과 같은 것이었다.”(Sylvester 11)

벨라스케스의 「교황 이노센트 10세 초상」

베이컨의 「벨라스케스의 교황 이노센트 10세 초상의 습작」

베이컨은 새를 그대로 모방하는 방식이 아니라 잠재적인 것이 현실화되는 사건들을 통해 회화를 완성한다. 여기서 이미지의 발생은 재현의 유사성을 거부하며 비유사적인 방법으로 생산된다.

비유사적인 방법에서 드러나는 재현의 거부뿐만 아니라, 원본(교황)을 그대로 모방하지 않고 원본을 해체한 아래의 그림을 보면 베이컨이 재현의 원리를 따르지 않았는지를 분명하게 알 수 있다. 아래 그림에서 보듯, 베이컨은 절대 권력을 암시하는 교황의 위엄하고 근엄한 얼굴을 일그러뜨린다. 우리는 이런 회화를 통해 들뢰즈가 재현에 대한 항거를 강조하는 자신의 예술철학을 전개할 때 왜 베이컨의 회화를 활용하는지 쉽게 이해할 수 있다.

이처럼 재현에 항거하는 들뢰즈의 사유는 리좀적인, 자유로운 인식이라고 할 수 있다. 그의 리좀적인 사유는 다수성, 친숙성, 그리고 상투성으로부터 벗어나는 것이며, 위계적이고 경직된 몰(mole) 집합체를 해체하고 분자적인 창조의 선을 그리는 생성의 사유이다. 리좀은 개체를 통일체로 귀속시키는 수목적이고 위계적이며 경직된 몰적 역할을 하는 것이 아니라, 개체의 다원적인 흐름들을 개방하고 확장하여 계속적인 접속으로 확산하는 유연한 분자적 역할을 행한다.

이론적인 사변으로서의 리좀이 아니라 실질적인 현장성과 실험성으로서의 리좀은 우리의 삶과 지식에도 녹아들어 있다. 들뢰즈는 삶과 지식을 유연한 리좀형과 위계적인 수목형으로 대비하는데, 리좀적인 삶과 지식은 훈육만을 목표로 하여 영토화된 수목적 뿌리를 갖는 책이나 위계적인 지배-피지배라는 현실의 이미지를 고착화하려는 사람들 곁에는 존재하지 않는다. 그것은 유연한 선분적 특성을 갖고 억압적인 선분들을 탈영토화한다.

리좀의 이러한 특징은 『도덕경』에서 표현되는 물의 특성과 유사한 점이 있다. "들뢰즈와 소크라테스와 노자의 노마돌로지는 리좀이다. 노자가 '최고의 지식[선]은 물과 같다'고 말하는 것은 '리좀적인 삶 혹은 지식이 물과 같다'는 것이다."(『노자와 들뢰즈의 노마돌로지』 141-142) 긍정적인 생산을 촉발하는 리좀의 흐름처럼, 물은 모든 점과 연결될 수 있으면서 항상 그 점에 동화되지 않는 이질성으로 남아 있다. 모든 곳에 스며들어 모든 것과 연결되는 물은 만물을 생성하여 이롭게 하지만 다투지 않고, 불변의 근원적인 뿌리의 원형이나 이데아가 되려고 하지 않는다.

그런데 리좀적인 특성인 무한한 탈영토화와 탈주는 "광기의 위험과 죽음의 위험"(*TP* 188)으로 귀결될 수도 있다. 새로운 아이디어를 위해 지속적으로 마약의 힘을 이용해 예술 활동을 하는 사람들, 결국 광기와 죽음의 검은 구멍으로 들어가는 그들의 예는 부정적인 탈주임에 틀림없다. 물론 들뢰즈는 긍정적이고 창조적인 탈영토화로서의 탈주선을 강조한다.

탈주선은 새로운 삶의 형태와 새로운 무엇인가를 창조하는 긍정적이고, 혁신적이며 전복적인 흐름이다. 마이클 하트(Michael Hardt)는 이에 대해 다음과 같이 설명한다. "그[들뢰즈]는 살아 있는 것을 선택하고, 변형시키고, 자신의 관심사에 적절한 것으로 만든다. 이러한 방식으로 그는 자신만의 철학의 역사를 만들고, 그것을 새롭게 창조한다."(*Gilles Deleuze: An Apprenticeship in Philosophy* 112) 억압되고, 코드화되며, 절단당하는 삶의 흐름을 해방시키는 탈주선은 주어진 관성 운동과 기존의 선에서 이탈하려는 성분, 즉 클리나멘을 통한 새로운 창조와 생성의 특징을 갖는다. 그것은 규정된 통행로를 새로운, 다른, 그리고 가장 중요한, 살아 있는 무엇인가를 생산하는 과정 속에서 가로지르면서, 그리고 그 규정된 통행로의 요소를 이용하면서 횡단한다.

탈주선의 흐름에서처럼, 들뢰즈의 전략은 재현의 권력을 거부하고 기존의 고답적인 규칙과 제도를 탈영토화하면서 새롭고 능동적인 다른 것 되기를 추구하는 것이다. 들뢰즈는 권력적 재현에 맞서는 변형과 변이의 가능성이 탈영토화의 잠재적인 벡터 형식으로, 삶 속에 혹은 예술작업 속에 항존하고 있다고 본다.

언어 권력으로부터의 탈주

1장에서 논의한 것처럼 들뢰즈는 일반 언어학적 관점을 삐딱하게 보는 방식으로 언어 권력으로부터의 탈주를 이야기한다. 그는 언어의 본질은 정보의 습득과 의사소통이 아니라 명령을 강요하는 것, 명령어의 전달임을 강조한다. 언어에 대한 연구에서 들뢰즈의 관심은 다양한 방식으로 정보를 알려주거나 의사소통을 하는 방법을 포착하는 것이 아니라, "명령어를 방출하고 받아들이고 변환시키는 이 끔찍스런 능력을 정의"(*TP* 74)하고 분석하는 것이다.

만일 언어가 삶에 명령과 질서를 제공하고 명령을 통해 질서를 만든다면, 명령을 포함하는 언표 속에서 문법의 규칙은 "통사적인 표지이기 이전에 권력의 표지"(*TP* 76)가 된다. 더불어 언어활동을 통해 규범적인 개인으로서 문법적으로 올바른 문장을 만들어내는 것은 사회적 법에 종속되기 위한 전제라고 말할 수도 있다. 들뢰즈의 언어학이 삶을 구성하는 모든 실천, 그리고 그와 결부된 언어를 포괄하는 모든 활동을 대상으로 한다는 점에서, 그것은 화용론적인 특성을 갖는다. 언어의 권력적이고 화용론적 특성 속에서 통사론적이든, 형태론적이든, 그리고 음운론적이든 언어 연구에 대한 과학적 시도는 "언제나 말하려는 사람에게 부과하고 명령어를 전달하려는 정치적 시도와 겹쳐 있다"(*TP* 101)고 볼 수 있다. 이러한 방식으로 언어를 다루는 화용론이 권력의 문제를 다룬다는 점에서, 화용론은 "언어의 정치학"(*TP* 82)이다. 그는 언어학적 비판을 통해 언어에 의해 작동되는 권력의 양상을 제기한다.

위와 같은 들뢰즈의 언어에 대한 삐딱하게 보기를 간략하게 정리하면 다음과 같다. 언어가 삶에 있어 명령과 질서를 제공하고, 명령을 통해 삶의 질서를 만든다는 점에서, 언어에 의해 초래되며 사회적으로 인정된 관습들의 규칙적인 양식은 개별적인 주체들을 형성하는, 상호 간의 사회적이고 정치적인 관계 속에 그 주체들을 배치하는 권력 구조를 구성한다.

"언표는 명령어"라는 명제 속에 드러나는 언어의 정치학과 더불어, 들뢰즈는 "언어의 통일성"을 통해 마찬가지로 언어의 권력적 속성을 이야기한다. 하나의 민족, 하나의 국민으로서 통일성을 형성하는 데 필수적인 것이 바로 언어다. 국민과 지역의 대통합을 위해서, 다양한 지역의 다양한 언어를 하나의 국민적 언어로 통합하고 통일해야 한다는 요구는 바로 이런 의미에서이다. 들뢰즈는 이러한 언어의 일반적인 기능을 해체하고 삐딱하게 본다.

들뢰즈에 따르면, 언어의 통일성은 무엇보다도 정치적이다. "모국어는 없으며, 때로는 넓은 전면에 나섰다가, 때로는 다양한 중심으로 동시에 달려드는, 지배적 언어를 통한 권력의 장악이 있다."(*TP* 101) 언어의 통일성이 정치적이라는 것은 언어가 통일성을 형성하기 위해 정치적 권력이 개입된다는 사실을 함의할 뿐만 아니라, 지배적 언어가 다른 언어들을 통합하여 위계적 질서를 만든다는 사실이다. 그 결과 표준어의 지위를 획득한 지배적 언어는 문법과 연계되어 언어활동의 상수(항상적인 것)와 모델이 된다. 들뢰즈는 항상적인 것과 항상적인 관계를 통해 통일성을 추구하는 언어학적 시도는 그것을 말하려는 사람에게 부과하고 명령어를 전달하려는 정치적 시도와 겹쳐 있음을 지적한다. 이는 서울 표준어와 방언의 관계에서 잘 드러난다.

서울 표준어라는 범주는 서울 표준어가 아닌 말을 소외시키면서 서울 표준어의 우위를 드러낸다. 서울 표준어를 듣는 사람에게 서울 표준어로 말하려는 일반적인 양상이 발생한다. 앞에서 이야기한 재현 개념, 즉 원본을 온전하게 모방하면서 차이를 인정하지 않고 동일성을 지향하는 것처럼, 서울 표준어를 모방하려는 현상이 일어난다. 서울 표준어는 모든 방언을 포획하면서 한국어의 다양성을 파괴한다. 좀 과격하게 말해서, 무지하게 보이지 않으려면 서울말을 해야 한다. 서울 표준어의 사용을 통해 방언을 미개한 것으로 인식하는 담론-권력이 서서히 형성된다. 방언은 개그의 소재로서, 혹은 어둠의 세계 사람들이 사용하는 언어로서 혹은 힘없고 무지한 사람의 언어로서 드라마나 코미디나 영화에 표현된다. 이런 식으로 표준적인 어휘와 발음과 문법 체계를 따르라는 요구는 권력의 지표로서 우리 삶 면면에 자리매김한다.

문제는 이러한 권력이 보이지 않는 권력으로 존재할 수 있다는 것이다. 우리는 서울말을 듣고 부지불식간에 서울말을 쓴다. 서울말은 권력의 언어가 된다. 우리는 무의식적으로 서울말을 사용하는 대상이자 객체가 된다. 보이지 않는 권력은 그 권력이 적용되는 대상을 교묘한 방식으로 객체화한다. 그 권력으로 인해 주체는 훈육적 주체가 된다. 훈육적 주체를 생산하기 위해 활용될 수 있는 것이 바로 언표의 권력이다. "성공하기 위해서, 올바른 사람으로 대접받기 위해서 서울말을 사용하라"는 언표는 권력의 언표로서 기능한다. 누가 그렇게 하라고 강요한 것은 아니지만, 사회 분위기가 그런 식으로 흘러간다. 우리는 차츰차츰 서울말을 사용하면서 훈육적 주체가 된다. 이로써 언표를 이용하여 행위의 총체로서 담론을 구성하는 체계는 훈육적 주체를 양산하면서 억압적 성격을 지니게 된다. 즉 언표 자체가 하나의 권력 체계가 되는 것이다.

들뢰즈는 이러한 언표의 권력을 탈주하는 방법을 제시한다. 그는 이를 언어학의 네 번째 공준인 "다수적인, 혹은 표준적인 언어 아래서만 언어는 과학적으로 연구될 수 있으리라"(*TP* 100)에 대한 비판을 통해 이야기한다.

이 이야기에 앞서 언어학의 네 가지 공준을 잠시 살펴보자. 그 네 가지 공준은 다음과 같다. 첫째, 언어는 정보적이고 소통적이다. 둘째, 어떤 외재적인 요인에도 호소하지 않는 언어의 추상기계가 존재한다. 셋째, 언어를 하나의 동질적 체계로 정의할 수 있게 해주는 언어의 상수 혹은 보편성이 존재한다. 넷째, 표준적 혹은 다수적 언어의 조건하에서 언어는 과학적으로 연구될 수 있다.

첫 번째 공준은 1장에서 얘기했듯이 "언어는 명령어이다"라는 정의에 의해 비판받는다. 두 번째 공준에 대한 반박은 언어를 외재적인 요인에서 분리시켜 연구할 수 있다는 믿음에 대한 비판이다. 언어는 화용론에서처럼 외부적인 상황에 영향을 받을 수 있기 때문에, 이 공준에 대한 비판은 첫 번째 공준에 대한 비판과 잇닿을 수 있다. 세 번째 공준에 대한 비판은 언어 구조의 불변성을 찾으려는 시도에 대한 것과 관련이 있다. 노래 가사나 시에서처럼 혹은 다양한 방언에서처럼 언어의 구조는 절대성이 부여된 것이 아니다. 이러한 구조의 변형 가능성은 다양한 표현과 그 표현을 통해 다양한 의미를 생성하도록 한다. 이 점은 소수적 언어를 강조하는 네 번째 공준 비판과 잇닿는 지대이다.

네 번째 공준에 대한 비판은 다수적 언어와 소수적 언어의 비교를 통해 드러난다. 다수적인 것은 항상적인 것, 척도의 위치를 차지한 것이고, 권력을 장악한 것이며, 그렇기에 권력을 확장할 통로를 확보하여 다수성의 위치를 확보할 수 있다는 것을 의미한다. 다수성이 척도와 규범, 혹은 모델의 형식으로 현재적인 상태를 유지하는 권력이라면, 소수성은 새로운 변이와 생성을 통해 그 척도와 규범을 변형시키는 잠재적 변이 능력이라고 할 수 있다. 소수성은 "결코 이미 만들어진 기성의 것이 아니며, 오직 전진하며 공격하는 양상을 보이는 탈주선 위에서만 구성"(*Dialogues* 43)된다. "동질적이고 항상적인 체계로서 다수적인 것과, 창조적이고 잠재적 생성이자 창조되는 생성으로 소수적인 것을. (…) 다수적 생성은 없으며 다수성은 생성이 아니다. 모든 생성은 소수적이다."(*TP* 106) 이런 의미로 소수적 언어란 다수적 언어를 변형시키고 변이시키는 성분이며, 새로운 종류의 언어를 생성하는 언어라고 정의된다.

요약하면 다수적 언어는 그 자체로 권력을 포함하고 있으며, 다양한 사람들의 언어활동을 하나의 통일된 형식 아래 통합하고 동질화하려는 권력의지를 포함하고 있다. 이러한 특징을 갖는 다수적 언어를 변이시켜 새로운 종류의 언어를 만들어내는 모두가 소수적 언어이다.

물론 언어학이 표준적이고 다수적 언어만을 연구 대상으로 정의한다면, 이는 언어적 형식으로 작동하는 권력을 유일한 연구의 대상, 유일한 사유의 대상으로 삼는 것이 된다. 더불어 그것이 문법의 규칙성과 보편성을 주장하게 되는 한, 그것은 그런 규칙에 다양한 언어활동을 억압하고 종속하는 결과를 야기할 것을 자명한 사실이다. 이런 비판을 통해 소수적 언어에 대한 들뢰즈의 접근은, 언어에 대한 논의를 연속적인 변이 혹은 변이적인 연속체로서 보는 입장이다. 이 입장은 긍정적이고 창의적인 탈영토화를 추구하는 생성과 변이를 만들어내고 그것으로써 다수적 언어 자체를 더듬거리게 하는 실천적 전략으로 이어진다. 들뢰즈는 이런 관점을 "반음계적 언어학(chromatic linguistics)"(*TP* 97)을 통해 이야기한다. 들뢰즈는 언어활동을 연속적인 변이로 구성하는 것, 언어를 기표와 음고, 음색, 어조 등의 연속체로 정의하는 것, 언어활동을 다양한 변수들의 복합체로 정의하는 것, 이러한 입장으로 언어활동을 포착하려는 것을 반음계적 언어학이라고 한다.

들뢰즈는 이를 통해 언어를 보편성 · 항상성 · 불변성을 갖는 언어의 내적인 구조로 환원할 것이 아니라, 비언어적인 성분들을 포함하는 변이의 연속체로 다루어야 한다는 점을 강조한다. 이런 점에서 "법칙과 보편성이라는 관념을 포함하는 언어와 생활 방식 내지 상황에 따라 그 언어를 사용해 말하고 글을 쓰는 것 사이에는 근본적인 단절이 없다"(『노마디즘 1』 308)는 것은 확연한 사실이고, 문체가 보편적이고 불변적인 형식을 취하는 언어 자체를 변형시키고 변이시키는 데 매우 중요한 요소가 된다. 물론 들뢰즈의 주장은 문체를 통해 특정한 어법을 새로운 문법의 층위로 승격시키고 그럼으로써 또 다른 표준 혹은 보편성의 자리를 장악하자는 것이 아니다. 들뢰즈가 문체를 통해 이야기하는 바는 보편적 형식의 언어 안에서 문체라는 형식의 변이선을 가동함으로써 기존 언어의 권력에서 탈주하는 새로운 표현형식, 새로운 언어들을 창안해내는 데 있다. 이와 같은 예는 5장 "들뢰즈의 창조성의 시학"에서 황병승의 시를 통해 구체적으로 살펴보고자 한다.

더불어 들뢰즈는 명령어의 권력으로부터 탈주하는 능력을 배양할 것을 지적한다. "명령어 안에서 삶은, 죽음이란 물음에 대답해야 한다. 도피하지 말고, 탈주하면서, 창조하면서."(*TP* 110) 여기서 문제는 명령어가 "함축하고 있는 사형선고에서 어떻게 탈출할 것인가이고, 탈주의 능력을 어떻게 발전시킬 것인가이며, (…) 명령어의 혁명적 잠재력을 어떻게 유지하거나 살려낼 것인가"(*TP* 110)이다. 명령어의 잠재력을 탈주의 능력으로 전환시키는 실례는 무겁고 어두운 삶의 지대를 밝고 유쾌한 웃음으로 변이시키는 유머러스한 언어일 것이고, 경직되고 위계적인 지대를 탈영토화하여 형성된 유연하고 수평적인 관계에서 발생하는 언어일 것이다. 이는 새롭고 생성적인 삶의 유쾌하고 경쾌한 지대를 촉발시키는 강밀한 무기일 것이다.

권력의 위험으로부터의 탈주

들뢰즈는, 모든 것은 정치적이고 모든 정치는 거시정치인 동시에 미시정치라고 한다. 그의 철학 속에는 미시적 관점과 거시적 관점이 적절하게 혼용되어 있다. 모든 사회뿐만 아니라 모든 개인은 몰적인 것과 분자적인 것이라는 두 가지 선분성을 동시에 구축한다. 여기서 전체화하고 동질화하는 특징의 경직된 몰선을 통해 작동하는 것을 거시정치라고 하고, 동질성에서 벗어나 유연한 흐름을 갖는 분자선을 통해 작동하는 것을 미시정치라고 하는데, 거시정치는 전체주의와 대응되고 미시정치는 파시즘과 대응된다.

전체주의가 그 안에 포함된 사람들을 하나의 몰적 집합체로 통일하고 통합하는 것이란 점에서 거시정치학적 개념이라면, 파시즘은 분자적인 흐름이 밀려가면서 형성되는 미시정치학적 개념이다. 전체주의는 스탈린 정권이 보여주는 것처럼, 국가라는 거대한 경계 안에서 대중의 자발적인 동의와 무관하게, 대개 억압과 강제에 의해 국가적 전체성에 복종할 것을 대중들에게 요구한다. 반면 파시즘은 국가가 제시하고 요구하는 것에 대중 자신들이 자발적으로 공감하여 상호작용과 전염에 의해 번식되는 정치적 흐름이자 양상이다. 국가가 잘못된 방향으로 가더라도 무조건적인 복종을 강요하는 것이 몰적이고 거시적인 전체주의라면, 최근 인터넷 사이트에서 발생하는 무분별한 극우 정치적 편향성과 김일성의 주체사상을 맹목적으로 숭배하는 극좌 정치적 편향성은 당의 명령에 자발적으로 동의하면서 자신의 욕망을 분출한다는 점에서 분자적이고 미시적인 파시즘이라고 할 수 있다.

> 전체주의적 국가는 오직 거시정치적 척도에서만, 경직된 선분성이나 전체화 및 집중화의 특정한 양식에 대해서만 타당하다. 하지만 파시즘은, 민족-사회주의(나치) 국가 안에서 전체적으로 공명하기 이전에 이미 한 점에서 다른 한 점으로 상호작용하면서 건너뛰고 급격히 번식하는 분자적 초점들과 분리할 수 없다.(*TP* 214)

즉 전체주의가 국가적 차원에서, 혹은 몰적 집합체를 형성하는 차원에서 작동하는 것이라면, 파시즘은 지역의 파시즘, 가족의 파시즘, 학교의 파시즘 등 욕망의 분자적 흐름이 존재하는 모든 지대에서 형성될 수 있다.

자본주의 정치에서 특히 들뢰즈가 전개하는 비판의 핵심은 파시즘이다. 그는 우리 내면의 파시즘, 일상적 사고와 행동에 깊이 스며든 파시즘, 억압과 착취를 스스로 욕망하는 우리 내면의 파시즘과 같은 자본주의적 파시즘을 비판한다. 들뢰즈는 미시적이고 분자적인 다양한 단위 파시즘들이 욕망의 흐름을 철저히 봉쇄하기보다는 스스로 강렬한 탈주의 선을 만든 후 이를 가차 없는 파괴와 죽음의 흐름으로 전환시킨다고 본다. 파시즘이 위협적인 것은 전체주의적 권력의 가시적인 폭력보다 사회적 암세포와도 같이 분자적이고 미시정치적인 메커니즘에 의해 대중의 욕망을 왜곡시키는 마력을 가지고 있기 때문이다. "파시즘을 위험스러운 것으로 만들었던 것은 미시-정치적 혹은 분자적 능력이다. 왜냐하면 파시즘은 대중운동이기 때문이다. 즉 전체화된 유기체보다는 오히려 암적인 신체가 문제인 것이다."(*TP* 215) 일상 속에서 대중의 욕망을 왜곡시키는 미시적인 파시즘적 형태의 예는 외모 지상주의의 결과로 성형 중독에 걸린 사람들과 순간의 쾌락을 위해 금지 약물에 중독된 사람들, 그리고 천민자본주의의 병폐로서 도박에 빠진 사람들에게서 찾아볼 수 있다. 이들은 죽음으로 귀착되는 파괴와 억압을 자기 스스로 욕망하는 미시파시즘의 형태를 시행하는 사람들이다.

그런데 자본주의 정치는 물리적 폭력에 의존하던 과거의 전제군주 사회와 달리 탈코드화하고 탈영토화된 욕망의 흐름을 직장, 학교, 가족 등과 같은 장치를 통해 재영토화시킨다. 특히 학력이 중요시되고 일류대학을 나와야지 출세할 수 있는 우리나라에서 학교의 파시즘은 웃을 일이 아니다. 뿐만 아니라 자본에 호명당한 화려한 광고매체를 활용해 우리의 소비욕구를 끊임없이 조장하는 오늘날의 자본주의 사회는 전례 없는 탈영토화와 탈코드화를 통해 무의식적 욕망의 흐름을 해방시키면서, 다른 한편 탈영토화된 욕망의 흐름을 포획하여 자본주의 현실원칙에 맞춰 살아가도록 철저하게 사람들을 예속시키기 때문에 파시스트적 요소가 뚜렷하게 나타난다. 예를 들면 케이블 방송들은 외모 지상주의를 부추기면서 다양한 제품을 간접적으로 광고하며 소비자들의 욕망을 해방시키고, 예뻐지기 위해 그 제품들을 사용하도록 만들면서 소비자들을 자본주의 체제에 길들인다.

이렇듯 자본주의는 생산과 교환 및 욕망의 흐름을 구속해온 모든 전통적 코드와 가치관을 탈코드화하고 탈영토화하기 때문에 엄청난 분열적 에너지를 생성시키는 동시에, 탈코드화되고 탈영토화된 욕망의 흐름을 국가, 법, 종교, 교육, 가족 등의 제도를 통해 재영토화시킨다. 자본주의는 이처럼 분열증과 편집증이라는 두 극 사이에서 끊임없이 진동한다. 자본주의를 탈영토화와 재영토화, 자유와 (자유를 표방하는 새로운) 억압으로 보는 들뢰즈의 관점은 자본주의의 양면성을 부각시킨다.

하지만 그는 자본주의(혹은 국가장치)가 아무리 다양한 영토를 제도화하여 분열적 흐름을 재영토화하려 해도 자유롭게 흐르는 분열적 에너지의 고유한 속성을 완벽하게 차단할 수 없다는 점을 강조한다. 국가장치가 분열적 에너지를 완전히 차단할 수 없는 부정적인 상황은 한국의 부동산 투기에서 쉽게 찾아볼 수 있다. 사람들은 손쉽게 많은 돈을 벌기 위해 부동산을 구매한다—투자라기보다는 투기로서. 좋은 매물이 나오면 사람들이 구름 떼처럼 몰린다. 국가가 부동산 투기를 근절하기 위해 다양한 정책을 내놓지만 부동산에 대한 욕망의 분열적 흐름을 완전히 차단할 수 없다. 물론 들뢰즈의 관심은 이렇게 부정적인 분열적 흐름이 아니다.

들뢰즈는 분열적 흐름에 혁명의 잠재력이 있다고 보고, 이를 분석하는 것을 분열분석(schizo-analysis)이라고 한다. 그의 분열분석은 욕망의 흐름을 몰적으로 재영토화시키는 편집증적 조작과 미시적 욕망의 흐름을 악용하는 파시즘적 조작으로부터 탈주하려는 주체의 가능성을 분석한다.

이를 위해 들뢰즈는 몰과 분자의 이원적 대립을 몰과 분자와 노마드라는 삼원적 관계로 대체한다. 그는 우리의 삶을 선으로 개념화하면서, 경직된 선, 유연한 선, 탈주선이라고 정의하는데, 이는 각각 몰과 분자, 그리고 노마드라는 삼원적 관계와 대응한다. 경직된 몰선, 유연한 분자선, 탈주선.

몰선은 어떤 것 안에 포함된 개개의 분자에 대해 동일하게 움직일 것을 요구한다. 또한 그것은 경직된 양상으로 작동한다. 모두에게 동일하게 적용된다는 것은 그런 경직성을 피할 수 없기 때문이다. 따라서 몰선은 경직된 선분성의 선이다. 반면 분자선은 지각 불가능한 운동으로, 그것은 몰 단위로 동일하게 서술되는 경직성을 벗어나 유연하게 움직이며, 인접한 분자들이 서로 영향을 주고받으면서 몰적인 동질성에서 벗어나는 유연한 흐름을 형성한다. 이 경우 선분은 탈영토화의 양자처럼 존재한다. 여기서 양자적 흐름이란 몰적인 것과 분자적인 것의 대립과는 다른 층위에서 작용한다. 파시즘이 바로 양자적 흐름의 예다. 파시즘은 분자적인 흐름을 갖지만 국가장치에 귀속되어 몰적인 흐름 또한 갖는다. 간단히 말해 분자선은 서로 얽힌 코드를 갖는 상대적으로 유연한 선이다. 마지막으로 탈주선은 몰적 선분을 흔드는 진동이나, 그 벽을 넘는 유연한 양자적 흐름에 멈추는 것이 아니라, 그 선분적인 선에서 벗어나는 새로운 창조의 선을 그리는 것이다. 또한 삶의 관성이나 타성에서 벗어나는 새로운 선을 그리는 것이고, 새로운 방향성을 갖는 선을 그리는 것이다.

이 세 가지 선은 그 자체로 어떤 초월적인 지위를 갖지 않으며, 다른 선에 의해 침범되지 않는 고유영역을 형성하지도 않는다. 이

선들은 서로 겹치거나 중첩되는 경우, 혹은 어긋나며 교차하는 경우, 때로는 방해하는 경우, 그리고 상호 결합되거나 상호 촉발하는 경우도 있다. 그것들은 내재적인 연관성, 즉 상호 내재성을 갖는다고 할 수 있다.

이 세 가지 선은 각각 다른 세 가지 권력의 측면 혹은 권력의 지대를 갖는다. 첫째는 단단하게 경직된 선분과 관련된 것이다. 이는 어떤 하나의 코드로 모든 것을 코드화하거나, 하나의 코드 아래 그 모든 것을 통합하고 통일하는 초코드화의 선분성과 관련된다. 이것은 세 가지 선분성을 갖는다. 이항적 선분성, 원환적 선분성, 선형적 선분성.

먼저 이항적 선분성은 남성/여성, 표준어/방언과 같이 한 선분이 다른 선분에 대해 우위를 확보하여 형상이나 관념에 따라 다른 선분을 초코드화한다. 둘째 원환적 선분성은 다수의 중심을 오직 하나의 지배적인 중심에 공명하게 함으로써, 그 중심을 둘러싸는 선분들이 하나의 국가적 중심(혹은 권력의 중심)에 대해 공명하게 하는 방식으로 초코드화한다. 이는 2장에서 군주의 전제적인 기표 주위를 둘러싸는 신하들의 기표를 통해 살펴보았다. 셋째 선형적 선분성은 그 선분들을 통과하는 초코드화의 선이 무엇인가에 따라 지배적인 것이 결정되고 선분성의 양상이 결정되는 것이다. 가령 유교 사회와 자본주의 사회의 초코드화에서 직업의 선분은 서열이나 위계가 각각 달라진다. 유교 사회에서 중인이었던 의사가 자본주의 사회에서는 최고의 직업이다.

둘째는 분자들끼리 서로 소통하고 상호작용하면서 움직이고 흘러가는 양상을 나타내는 유연한 분자선이다. 이 선은 식별 불가능성의 지대로, 미시-물리학적 조직체 안에서 그것의 확산과 관련이 있고, 권력 중심과 미시적 조직의 관계에 관련이 있다. 여기서 권력의 중심은 분자적이고, 미시논리적인 조직체 위에서 행사된다. 즉 권력의 중심은 확산되고 분산되고, "끊임없이 치환되고, 미세한 선분화에 의해 활동하며, 세부적인 것, 세부의 세부적인 것 안에서 작동한다."(*TP* 224) 이는 우리나라 교육제도에서 분명하게 나타난다. 학교에서 권력은 교장, 교사, 반장 등에게 미시적으로 확산되고 분산되면서 학생들을 감시하고 처벌한다. 국가적인 공명의 중심을 형성하는 권력과 공명하면서 국가적 중심화와 통합에 기능하기도 하는 미시적 권력 중심들은 푸코가 말하는 일망 감시체제와 같은 방식으로 거대한 국가적 권력이 일상적 삶의 미시적 요소들에까지 뻗치면서, 그 요소들을 통제할 수 있는 작동방식을 잘 드러내준다.

셋째는 무능력의 지대로, 권력이 통제하지도 못하고 결정하지도 못한 채 권력은 양자적 흐름 그 자체를 통제할 수 없기에, 양자적 흐름은 권력의 무능력 지대라고 할 수 있다. 이 흐름이 무능력 지대를 형성한다면, 선분성의 선은 능력의 지대를 이루며, 권력 중심이란 이 둘이 만나는 지점이라고 할 수 있다. 위대한 정치가는 이 무능력 지대에 속하는 흐름을 따라가면서 그것을 바탕으로 양자의 흐름을 선분성으로 변형시키고 초코드화할 수 있는 능력을 가진 사람이라고 하겠다(히틀러처럼 대중의 양자의 흐름을 국가에 초코드화한 독재자도 있다). 이런 입장에서 권력이란 대중의 문제로, 대중의 흐름을 포착하여 그것을 선분화하는 능력에 의해 정의된다.

세 가지 선의 권력 지대는 각각의 위험성을 내포하는데, 일반적으로 권력의 위험이란 몰적 선분성의 선 안에서 분자적 흐름을 절단하여 통합하고 포획하는 권력이나, 혹은 다양한 중심들을 공명하게 하는 국가장치의 권력에 관한 것이다. 국가장치 혹은 권력의 중심은 푸코의 지적처럼 지식과 제도 등을 활용한 일망 감시체제와 같은 방식으로 권력을 운용할 수 있다. 즉 권력을 욕망하는 국가장치 혹은 지배자는 언제나 영원한 권력 유지를 통치의 목적으로 삼고, 권력 유지를 위해 사회 구성원에 대한 통제와 감시, 그리고 고도로 조직된 이데올로기(지식)와 제도 등을 주요한 통치 수단으로 활용한다.

권력의 또 다른 위험은 자신이 통제하지 못하는 양자화된 흐름을 못마땅해하면서, 양자화된 흐름을 선분적인 것으로 바꾸려는 시도의 위험이다. 이는 양자화된 흐름의 무능력 지대를 최소화하려는 시도의 위험이기도 하다. 이런 위험은 국가장치가 노마드인 전쟁기계를 포획하고 포섭하려고 시도할 때 발생한다. 들뢰즈는 포획과 포섭을 시도하는 권력적이고 억압적이며 위계적인 국가장치로서 세 가지 유형의 인물을 예로 든다. 왕과 종교사제와 법률가(혹은 지식인). 억압적인 국가철학의 종교사제나 법률가나 왕은 시간과 공간에 따라 다르게 형성되는 다양한 잠재적 가능성을 자신들의 입장에서 보도록 강요한다. 또한 이러한 국가철학은 법률을 통하여 노마드적 생성의 탈주선을 전혀 다른 지배와 억압의 영토에 갇혀 있는 정착민의 환경 속에 집어넣을 것이다. 지식, 법률, 제도 등을 통하여 노마드는 국가철학의 기관이 되고, 자신이 신의 사제 혹은 왕의 신하라고 착각한다. 이는 푸코의 지식-권력과 생체-권력의 작동 방식과 같다(푸코의 지식-권력과 생체-권력은 6장에서 상세하게 다룰 것이다).

들뢰즈의 국가장치와 국가철학의 이러한 부정적인 측면에 대한 긍정적인 변이와 변환은 노자의 성인을 통해 접근 가능하다. 노자는 성인을 인간의 이상으로 그리면서 권력적인 지배자와 성인의 생각하는 방식을 대립시킨다. 노자의 성인은 유위(有爲)하고자 하는 목적의식 자체를 소멸시키고, 무위(無爲)를 통한 권력을 대안으로 제시한다. 이는 억압적인 권력의 네트워크에 참여하기를 거부하는 구성원들이 영적 가치를 공유하면서 결속하는 삶을 지향하는 들뢰즈의 노마디즘 정신에서도 읽을 수 있다.

들뢰즈가 강조하는 노마디즘의 사회는 편집증적 욕망에 기초한 파시스트적인 사회가 아니라 분열증적 욕망에 기초한 혁명적 사회, 즉 탈중심화, 탈영토화, 탈서열화를 특징으로 하는 사회이다. 들뢰즈의 노마드 정치는 기존의 압제적인 담론과 제도를 탈영토화하면서 새로운 정치를 구현하는 생성의 정치이다. 이는 긍정적인 탈영토화를 지향하는 창조성의 정치학이기도 하다. 요컨대 그의 창조성의 정치학은 이미 설정되어 있는 억압적이고 권력적인 담론과 제도를 탈영토화하여 인간 실존의 새롭고도 자유로운 양식을 창조하고, 권력의 메카니즘 속에서 욕망과 무의식을 제한하는 규정적인 담론과 제도를 전복시키는 해체적인 활동이다.

4.
속물근성과 파시즘

3장에서 이야기한 대로, 모든 사회와 모든 개인은 몰적인 것과 분자적인 것이라는 두 가지 선분성을 동시에 가로지른다. 전체화하고 동질화하는 특징의 경직된 몰적 선분성의 선을 통해 작동하는 것을 거시정치라고 하고, 동질성에서 벗어나 유연한 흐름을 갖는 분자적 선분성의 선을 통해 작동하는 것을 미시정치라고 한다. 예를 들면 계급은 유사하고 동질된 특징으로 구분되는 집단이나 단계이기 때문에 몰적인 선분성을 따르고, 대중은 명확하게 구분될 수 없는 많은 사람들 각각의 혹은 무리의 유연한 흐름의 양상을 갖기 때문에 분자적인 선분성을 따른다.

하지만 몰적인 것과 분자적인 것 혹은 거시적인 것과 미시적인 것, 두 단어 모두 양자의 구별이 크기나 스케일 상의 구별은 아니다. 몰적인 계급과 분자적인 대중에서 계급과 대중이 크기의 문제가 아닌 것처럼.

살펴본 대로 거시적이고 몰적인 것과 미시적이고 분자적인 것은 각각 전체주의와 파시즘의 속성이다. 전체주의는 국가 차원에서, 혹은 어떤 집단의 몰적인 전체성을 형성하는 차원에서 작동한다. 그것은 대중의 자발적인 동의와 무관하고, 대개는 억압과 강제를 통해 국가적 전체성에 복종할 것을 요구한다. 반면 파시즘은 지역의 파시즘, 가족의 파시즘, 학교의 파시즘, 젊은이의 파시즘, 파벌의 파시즘, 대중의 파시즘 등처럼 욕망의 분자적 흐름이 존재하는 모든 지대에서 형성된다. 파시즘은 모두 분자적 욕망과 그것의 미시적 전염에 의해 확장되고 그것에 의해 하나로 결속되는 점에서 미시적 파시즘이고, 유연한 선분성의 선을 따라, 때로는 심지어 국가적 금지와 같은 몰적인 선분의 벽을 넘어가면서 증식되는 분자적 파시즘이다.

간단히 말하자면, 미시정치학은 분자적 욕망과 결부된 정치학이고, 대중이라고 불리는 흐름의 정치학이며, 경직된 선분이 아니라 유연한 선분성의 선 위에서 이루어지는 정치에 대한 이론이다. 하지만 유연한 선분성이란 말에 오해가 발생할 수 있다. 우리는 통상 경직은 나쁜 것이고, 유연은 좋은 것이라는 가치판단을 하게 된다. 히틀러의 파시즘에서 알 수 있듯이, 광적인 욕망의 충동으로 이루어진 파시즘은 분명 유해하고 위험한 것임에 틀림없다.

히틀러의 파시즘은 파괴와 죽음으로 이끄는 분자적 욕망의 흐름이며, 대개는 어떤 소수자(유태인)를 희생양으로 삼아 죽음으로 몰아넣는 자발적인 욕망이다. 억압과 파괴, 죽음, 결국은 자신에 대한 억압과 파괴, 죽음으로 귀착되는 파괴와 억압을 자기 스스로 욕망하는 것, 이것이 바로 미시파시즘에서 보여주는 그런 욕망의 배치이자, 위험한 심연으로 빠지는 욕망의 흐름이다.

그런데 파시즘적 욕망은 히틀러의 경우처럼 하나의 강력한 울타리에 모이기도 하고, 그것을 통해 국가장치를 장악하여 대대적인 공명의 방식으로 확장되기도 한다. 즉 미시적인 파시즘이 거시적인 전체주의와 교차하기도 한다. "두 선의 질적인 차이가, 양자가 서로 교차하며 서로를 자극한다는 것을 가로막지는 않는다."(*TP* 262-263) 히틀러의 독일처럼 대중운동으로 진행되던 파시즘은 국가라는 거시정치적 장치를 장악하고, 그것을 통해 새로운 미시적 상호작용을 확장한다. 사실 몰적인 조직이 강화될수록 그 요소와 관계, 요소적 기구들의 분자적 흐름을 자극하고 활용하기도 한다—국가의 불법선거 활동처럼, 몰적인 국가는 선거철에 인터넷을 통해 다양한 단체를 분자적 흐름으로 활용한다. 그렇지만 이러한 상호 교차성을, 양자의 구별을 제거하면서 분자적인 것을 몰적인 것으로 단순히 환원해서는 안 된다. 각각의 구별이 존재하면서 서로 교차하고 혼합될 뿐이다.

그럼 거시정치적이고 몰적인 전체주의와 미시정치적이고 분자적인 파시즘, 그리고 속물근성은 어떠한 연관성이 있는가? 전체주의와 파시즘, 그리고 속물근성이 우리 사회에서 어떻게 잇닿아 있는가? 세 가지가 잇닿아 있는 지대에 어떠한 부정적인 현상이 발생하는가? 이 질문들을 논의하기에 앞서 먼저 속물근성에 대하여 알아보자.

주디스 슈클라(Judith N. Shklar)는 하버드대학교 교수를 역임한 독일계 유대인 여성으로서, 1992년 사망할 때까지 정치철학과 법철학에 대한 다양한 저서와 논문을 집필하며 그 분야에 큰 족적을 남긴 사상가이다. 그녀는 『일상의 악덕』(*Ordinary Vices*)에서 다양한 전문 분야의 철학가, 사상가, 문학 작가의 견해와 인용문헌을 통해 일상의 악덕을 상세하게 탐사한다. 이 책은 일상의 악덕인 잔혹성 · 위선 · 속물근성 · 배신 · 인간혐오에 대하여 논의한다. 저자는 이런 악덕들이 굉장하거나 특별한 것이 아니라 우리 모두가 행할 수 있는 행동의 부류라고 말한다.

슈클라는 일상의 악덕 중 속물근성은 비록 사적인 측면이 강하지만 대의민주주의에서 중대한 이데올로기적 함의를 지닌다고 한다. 속물은 자신의 가치와 주장을 거짓으로 꾸미고 자신에게 진실하지 못하다. 그래서 속물은 모욕의 의미이자 경멸의 표현이다. 속물은 상급자에게는 아부하고 알랑거리지만 하급자는 무시하는 자이다. 다시 말해 속물은 사회적으로 하급 집단은 피하고, 부유하고 세력 있는 사회집단과 관계를 돈독히 함으로써 자신의 지위를 향상시키려고 노력하는 사람이다. 이런 결과로 속물은 자신이 함께해야 하는 사람들을 괴롭히고 그들에게 모욕감을 주지만, 마찬가지로 자신이 하류계층과 관련 있다는 사실로 인해 상처를 입기도 한다. 상류계층을 동경하고 하류계층을 경멸하는 속물근성은 자아를 파괴하는 악덕이다. 속물근성은 아주 오래전부터 존재했으며, 지금도 여전히 이 사회에서 사라지지 않고 있는 악덕이다. 슈클라는 속물근성을 두 가지로 구분하는데, 첫 번째는 출생과 관련된 속물근성이고, 두 번째는 파벌 속물근성이다.

과거, 특히 17세기 이후 사회적 신분이동이 어려운 시기에 속물근성은 계급적 서열체제에 직접적인 위협을 주었기에 비난의 대상이 되었다. 자신보다 하류계급의 사람들을 업신여기고 자신보다 계급이 높은 사람들에게 아첨하면서 성공하여 출세하는 사람들은 문학에서 아첨꾼으로 나타났다. 여기서 세습 혹은 출생의 원칙은 업적의 원칙과 대립된다. 이 시대의 속물은 결혼을 통해 혹은 부의 획득을 통해 자신의 지위를 상승시키려고 했다. 물론 귀족에게서 나타나는 속물근성은 자신들의 지위를 계속 유지하기 위해 중산계층과 하류계층을 무시하면서 거만하게 행동하는 데에서 표출된다.

두 번째 속물근성은 파벌 속물근성이다. 이는 사람들을 포함하고 배제하는 집단의 다양성과 다원성의 결과다. 파벌의 속물근성, 달리 말해 배타의 속물근성은 어디에서나 편재되어 있다. 불리한 조건에 있는 사람을 배제하고 경시하는 차별은 최고 신분에서뿐만 아니라 일반 대중 사이에도 존재한다. 다원적이고 다양한 사회에서는 파벌과 집단이 존재할 수밖에 없기에 파벌 속물근성은 우리를 다소 당혹스럽게 만들기도 한다. 하지만 경멸적이고 모욕적인 차별과 배타성을 드러내는 파벌 속물근성은 일상의 민주주의를 무기력하게 만들기 때문에 근절해야 하는 악덕임에 틀림없다.

요약하면 속물근성은 출생과 관련된 속물근성과 파벌 속물근성으로 구분된다. 두 가지 속물근성이 민주주의 정치와 관계가 있기 때문에, 그리고 다양한 사회집단 혹은 파벌의 욕망과 관련이 있기 때문에, 그것들은 전체주의나 파시즘과 서로 잇닿는 지대가 존재한다.

첫 번째 속물근성: 출생과 세습

새커리(W. M. Thackeray)는 속물근성을 상당히 추악한 위선의 형태, 즉 사회적 허세로 간주했다. 속물이란 말은 원래 하류계급의 사람을 지칭했고, 또한 새커리가 다녔던 케임브리지 대학과 관련이 있다. 케임브리지 대학인들은 그 대학을 다니지 않는 모든 사람을 가리켜 속물이라고 불렀다. 새커리는 그 말을 상류계급의 모습으로 꾸미려는 모든 사람, 즉 지위라는 개념에 사로잡혀 있는 모든 사람을 지칭하는 것으로 확대해서 사용했다. 더불어 신분 상승의 야심이 곳곳에 드러나면서 계층 간의 이동이 원활했던 사회 분위기로 인하여, 속물이란 말은 사회적 유동성과 밀접한 관계를 갖게 되었다.

원래 속물적인 여러 인물은 17세기 문학에 자주 등장했다. 그 당시에 다양한 사회적 유형의 인물, 특히 아첨꾼과 사이비 신사가 많았기 때문이다. 아첨꾼과 사이비 신사는 모두 사회적 지위를 부당하게 노리는 자로 인식되었다. 자신보다 하류계급의 사람을 업신여기고 자신보다 높은 사람에게 아첨하면서 무자비하게 출세하는 아첨꾼은 제임스 1세 시대(Jacobean)의 무대에 고정 출현하는 인물이었다. 어디 17세기 문학뿐이겠는가? 현재 우리나라 드라마에도 아첨꾼과 사이비 신사와 같은 부류의 인물이 빈번하게 등장한다. 출세를 위해 결혼하기로 되어 있고 임신까지 한 연인을 무참히 버리는 1990년대 드라마 〈젊은이의 양지〉의 주인공 이종원(박인범 역)과 성공을 위해 친구를 배신하고 권력에 아첨하며 출세하려고 하는

〈빛과 그림자〉의 이필모(차수혁 역)는 속물을 대표하는 인물이라 하겠다. 드라마뿐만 아니라 정치권에도 부도덕하고 진정성 없는 상황논리만 펼치며 사회적 지위를 얻거나 유지하려는 아첨꾼과 사이비 신사 같은 사람이 비일비재하다.

17세기 후반 사무엘 버틀러(Samuel Butler)는 아첨꾼을 보잘것없는 사람, 즉 자신이 위치하고 있는 신분 외에는 가치가 없는 사람으로 평했다. 라 브뤼에르(La Bruyère)도 『성격론』(*Characters*)에서 자신의 지위가 아닌 것을 자신의 지위인 양 항상 거짓을 꾸미는 아첨꾼들을 보여준다. 라 브뤼에르가 분석하듯이, 아첨꾼은 루이 14세의 신하로 출세하자마자, 자신이 가진 솔직함, 관대함, 공평함, 선한 본성, 그리고 자상한 배려를 내던져버렸다. 이러한 아첨꾼은 권위 있는 모임에 참석한 사람을 알게 된다면, 그 사람에게 무척 다정다감하게 대할 것이다. 그리고 자신이 지위가 더 높은 귀족과 어울리게 되자마자 그 사람을 떠날 것이다. 그는 무대 위에 있는 것처럼 항상 부자연스럽게 행동한다. 우리는 주변에서 상사에게는 온갖 아첨을 다 하지만 부하 혹은 자신의 이익과 상관이 없는 사람은 멸시하고 조롱하는 사람을 흔히 볼 수 있다.

이런 접근에서 슈클라는 현실과 앙시앙 레짐(Ancien Régime)의 통념 간의 충돌을 이야기한다. 앙시앙 레짐의 통념에서는, 귀족 혈통은 물려받을 수 있을 뿐이었고 오직 세습만이 진정한 명예에 필요한 카리스마를 부여할 수 있었다. 사람의 영향력을 이용하여 일하는 것은 완전히 모독적이었고, 무역 또한 그러하였다. 더욱이 귀족 계급은 획득될 수 없었기에, 세습의 원칙은 업적의 원칙과 직접적으로 대립되었다. 한쪽 끝에는 순수 혈통과 다른 한쪽 끝에는 불순한 노동이 위치하는 고착화된 계층제도는 명예에 대한 자격이기에 개인적으로 획득한 부의 개념과 양립될 수 없었다. 특히 왕족의 특권도, 독특하고 폐쇄적인 신분인 지방 귀족의 의식을 간섭할 수 없었다. 물론 고착화된 계층제도는 신분 상승의 흐름을 차단하는 획일적이고 몰적인 특징을 갖는다.

이러한 계급 사회는 존재의 대사슬*이라는 믿음을 일반적으로 추구했다. 존재의 대사슬을 고스란히 유지하는 사회는 계급이 명확하게 분리되어 있었다. 하지만 그 사회는 자본주의의 발달과 함께 변화를 경험한다. 그 사회에 자본을 무기로 하는 중산계층과 이에 맞서야 할 과거 지주 귀족 계급의 권력과 지위의 쇠퇴로 인하여, 두 계층의 사회적 충돌이 고조되는 상황이 나타난다.

세습 귀족의 속물적 형태는 한국의 부자들에게서 흔히 볼 수 있다. 이는 한국의 드라마 소재로 많이 이용되기도 한다. 많은 드라마에서 부자 아들의 사랑과 결혼 이야기에 신데렐라처럼 가난하지만 억척스러운 여주인공이 반드시 등장한다. 비록 그 계급 사이에 만날 기회가 보장되지 않는 한국의 현실과는 달리, 드라마는 시청자들을 위해 부자 아들과 가난한 여주인공 간의 결혼을 성사시키지만, 그 과정은 녹록지 않다. 특히 인기 드라마 〈시크릿 가든〉에서 정형화된 속물을 만날 수 있다. 현빈(김주원 역)과 하지원(길라임 역)

* 아리스토텔레스부터 시작된 자연계의 위계질서로서 모든 생명체는 전능한 신의 계획에 의해 불변의 속성을 갖고 있으며, 이에 따라 거대한 계층구조를 이루고 있다는 믿음이다.

이 주인공으로 나오는 그 드라마에서 현빈의 어머니 박준금(문분홍 역)은 소설 『오만과 편견』의 캐서린 드 버그 부인처럼 세습적인 귀족의 속물근성의 단면을 그대로 보여주는 인물이다. 현빈에게 하지원과 결혼하려면 유산을 포기하라고 하는 박준금의 악의에 찬 눈빛과 싸늘한 목소리가 아직도 눈에 선하다.

시대에 따라 속물근성은 그 자체로 변화하고 확산된다. 속물근성은 이제 비귀족적인 악덕, 정치적 위험, 사회적 분쟁의 요소가 아니라, 하나의 악덕이자 평등에 대한 직접적인 공격이다. 신분이 상승하는 평민과 거만한 귀족의 오래된 상호작용에 대학의 속물, 인종의 속물, 재벌가의 속물 등이 추가된다.

첫 번째 속물근성은 이렇게 세습 혹은 출생의 원칙이 업적의 원칙과 대립되는 지점에서 생겨난다. 세습 귀족 계급의 속물근성은 자신들의 지위를 계속적으로 유지하기 위해 중산계층과 하류계층을 무시하면서 거만하게 행동하는 데서 표출된다. 이 계급은 자신들의 집단 이데올로기에 사로잡혀 있다. 중요한 사실은 속물근성이 폐쇄적 신분제도를 조성하고 동등하게 창조된 인간의 권리를 침해하면서 평등에 직접적인 영향을 주었다는 점이다. 여기서 귀족 계급의 몰적인 특성이 드러난다. 그들은 경직된 몰적 선분성을 그린다. 그 선분성을 해체하거나 붕괴하는 계급을 용납할 수 없다. 그래서 중산계층이 귀족과 결혼한다거나 중산계층이 귀족 신분으로 상승하는 것을 눈뜨고 볼 수가 없다. 그들은 자신들의 계급을 확고하고 견고하게 유지시키는 몰적인 선의 흐름을 따를 뿐이다.

앞에서 지적한 것처럼, 대학의 속물, 인종의 속물, 재벌의 속물은 세습과 관련된 첫 번째 속물근성이 변화된 속물이다. 조금은 안타깝지만 현재 우리나라에 "개천에서 용 난다"는 말이 점점 사라지고 있다. 그만큼 하류계층이 일류대학에 들어가는 것이 쉽지 않다는 말이다. 어릴 때부터 다양한 사교육을 받은 학생이 일류대학에 들어갈 가능성이 높다. 이러한 대학의 속물은 우리나라 경제체제와 특수한 교육체제에서 만들어진 형태라 할 수 있다. 물론 일류대학에 입학한 사람 모두가 대학의 속물이라는 것은 아니다. 자신만의 전체주의적인 이데올로기에 사로잡혀 신분의 변화를 못마땅하게 여기고 계층 간의 교류를 탐탁지 못하게 생각하면서, 그들만의 리그를 구축하는 사람들이 대학의 속물이다.

재벌의 속물도 이와 유사하다. 과거 세습 귀족들처럼, 자신들의 세력을 지속하기 위해 재벌가는 다른 재벌가와 혼인을 하거나 권력 있는 정치인 혹은 관료의 자녀와 혼인을 한다. 양쪽 상류계층은 결혼을 통해 그들만의 계층을 계속적으로 공고히 유지한다. 조정래 소설 『허수아비 춤』에서처럼, 일반 사람들은 자수성가하여 대기업의 임원으로서 골든 패밀리는 될 수 있어도, 혈통으로 연결되는 로얄 패밀리는 될 수 없다. 이는 탈중심적이고 탈계층적인 것과는 거리가 멀고 위계적이고 수직적인 특성을 갖는, 경직된 몰적 선의 흐름을 가진다.

슈클라는 대학의 속물을 이야기하면서, 대학 교수들이 부유하기 때문에 속물적인 것이 아니라 학문보다는 자신의 사회에 더 많은 관심을 보일 때 속물적이라고 한다. 그녀는 자신의 소속인 하버드 대학의 교수를 예로 들어 대학의 속물을 설명한다. 그녀에 따르면,

하버드대학이 중요한 가치를 가지는 유일한 대학이라는 환상에 빠진 교수가 대학의 속물이다. 또한 하버드교수의 속물성은 부유하고 저명한 가문의 자녀들이 그 대학에 들어왔을 때 그 학생들의 부모와 교류하려는 상황에서 표출된다. 우리나라에서는 하버드대학과 유사하지만 조금은 다르게 속물근성이 드러나는 것 같다. 정치와 교수의 합성어인 폴리페서(polifessor)가 그러한 속물근성의 예가 아닐까 한다. 그들 중에서 학문 탐구와 교육에는 관심이 없는 교수가 속물적이다. 또한 저명한 가문의 제자의 부모님과 교류를 바라는 하버드대학 교수들처럼, 정치적인 출세만을 지향하면서 이 정당, 저 정당에 기웃거리며 연줄을 넣는 교수들 역시 속물적이다. 그들에게는 학문과 교육의 진리는 없고 출세의 목표만이 존재할 뿐이다. 이러한 대학의 속물은 국회의원이나 대통령 선거철에 권력의 욕망에 사로잡힌 파시즘적인 분자적 흐름을 갖기도 한다. 특히 대학의 속물이 더 코믹적일 때가 있는데, 정치적 성향도 없이 어느 선거철에는 여당 지지 모임에 있다가, 어느 선거철에는 야당 지지 모임에 참여하면서 이리저리 간을 볼 때가 그러하다.

마지막으로 인종의 속물은 앵글로색슨주의와 백인우월주의와 같이 세습 원리가 인종차별주의 변형으로 나타난다. 공장에서 동남아 노동자를 무시하는 한국인들이 인종의 속물의 예라고 할 수 있다. 또한 국제결혼 비율이 조금씩 높아져가는 우리나라 현실 속에서 다문화 가정의 자녀들도 인종 차별을 당할 가능성이 농후하다. 우리한테 인종의 속물이 될 수 있는 가능성이 잠재해 있는 것이다. 인종의 속물이 전체주의적이고 고착화된 혈연제도의 경직된 선을 따라가는 경향도 있지만, 대중적인 미시적 욕망의 흐름으로서 동남아 노동자와 다문화 가정 자녀들을 무시하기 때문에 파시즘적인 분자적 흐름의 특성도 공존하고 있다고 하겠다.

두 번째 속물근성: 파벌

다양한 집단과 다원성으로 인해 나타나는 파벌의 속물근성, 다시 말해 배타의 속물근성은 사실상 어느 사회에서든 편재되어 있다. 우리 모두는 하나 이상의 집단 혹은 파벌에 속해 있기에, 우리 사회에서 파벌 속물근성을 쉽게 찾아볼 수 있다.

구성원들의 공통의 목적에서 보면, 두 번째 속물근성은 사람을 포함하고 배타하는 이른바 집단의 다원성과 다양성의 결과라고 할 수 있다. 대부분의 집단은 선택적으로 참가할 수 있지만, 사회 집단들이 집단의 목적에 맞게 회원을 제한함으로써 내부자와 타자를 만들 수 있다는 점에서 그 집단들은 속물적으로 비쳐질 수 있을 것이다. 배척당하는 것을 싫어하거나 혹은 일정한 모임의 특성을 불쾌하게 생각하는 사람은 마음의 상처를 입을 것이고, 그 모임의 속물근성을 탐지할 것이다. 그러나 유감스럽게도 우리는 다양한 모임에 참여함으로써 자신도 모르게 두 번째 속물이 된다. 비록 자유롭게 직접 참여한 모임이지만 그 모임에 참여할 수 없는 사람들에게 의도하지 않은 상처를 줄 수 있기에, 파벌 속물근성은 자유의 비의도적인 결과들 중 하나이다.

파벌 속물근성은, 즉 불리한 조건에 있는 외부사람을 배타하고 경시하는 차별은, 결코 사회의 최고 신분에만 있는 것이 아니라, 어디든지 존재한다. 이 현상은 아주 불공정한 결과를 초래할 것임에 틀림없다. 그 결과, 우리의 태도는 사회적 신분의 모든 미묘한 차이에 익숙해야 할 것이고, 아주 비민주적으로 되어야 할 것이다. 우리는 만났던 모든 사람이 단순히 동시대 시민이었다고 생각하기보다는, 그들의 사회적 지위와 권력을 고려해야 할 것이다. 이런 상황에서 보이지 않는 권력이 당연히 서로에게 작동하고 영향을 미친다. 우리는 어느 사람이 어떤 파벌에 속하는지에 따라 다른 행동과 언어를 사용한다. 수평적 관계가 수직적 관계로 변모한다. 반사적으로 권력 있는 파벌에 속한 사람의 말과 행동은 다른 파벌에 있는 사람을 수동적이고 순응적으로 만든다. 여기서 일상의 민주주의는 이제 무기력해진다.

물론 다원화되고 다양화되는 한국 사회에서 파벌 속물근성을 완전히 근절하기는 불가능하다. 각자가 속한 단체가 너무나 많아서 파벌을 없앤다는 것은 사회의 근간을 없애는 일일 수도 있다. 하지만 파벌 속물근성이 부정적인 욕망의 흐름을 중단하지 않고 위험한 향기를 내포할 때마다 초래되는 부정적인 결과를 간과할 수도 없다. 파벌의 부정적인 욕망의 파시즘적인 흐름은 우리 사회에서 쉽게 찾아볼 수 있다. 그중 하나가 대학 파벌이다.

출생과 관련된 대학의 속물은 파벌 속물근성의 속성도 갖는다. 일류대학, 이류대학, 삼류대학으로 차별화된 구분에서 이류대학과 삼류대학 학생들이 좋은 직장을 얻는 것은 거의 불가능한 일이다.

이런 차별이 권력적인 이유는 일차 서류면접을 통해 이류대학과 삼류대학 학생들이 좋은 직장을 얻을 기회마저 박탈당하기 때문이다. 그 결과로 그들은 꿈과 희망을 상실한다. 일류대학 파벌의 파시즘적인 욕망 흐름이 취업을 바라는 이류대학과 삼류대학 학생들의 긍정적인 욕망을 차단하는 것이다.

또한 학연이 중요시되는 우리 사회에서 대학 파벌은 성공하기 위해 필요한 토대로 악용되기도 한다. 졸업생들은 대부분 능력과 자질보다는 자신의 후배를 밀어주고 지원하는 경향이 있다. 선후배의 관계가 중요한 한국 사회의 특수성이라 하겠다. 대학 졸업장은 경직된 몰선의 지대를 암시하는 징표다. 어떤 변화도 일어나지 않는 너무나도 고착화된 몰선이다. "국적은 바뀌어도 학적은 변하지 않는다"는 말은 우리 사회에서 파벌 속물근성이 욕망의 파시즘으로 작동하는 단면을 보여준다. 뿐만 아니라 그 말은 우리 사회가 얼마나 전체주의적이고 획일화되어 있으며 경직되어 있는지를 암시한다. 파벌의 파시즘은 웃을 일이 아니다.

파벌의 파시즘적인 욕망의 흐름은 우리 사회 도처에서 발견된다. 5년 전 고소영 정부의 고려대학교, 소망교회, 영남(특히 포항)의 파벌은 우리 사회 곳곳에 요직을 차지하여 위세를 떨친 바 있다. 그 파벌은 우리 아니면 안 된다는 과대망상의 논리로 우리나라를 통치했다. 이들의 파시즘적인 속물근성이 우리 사회의 민주주의를 십여 년 후퇴시킬 정도로 그 결과는 대단히 참혹했다.

대학 파벌 이외에 자본주의에서 특수하게 두드러지는 파벌 속물근성이 있다. 돈의 소비와 연결되는 속물근성이다. 자본주의에서 사람들은 과시적으로 소비하는 삶을 즐기고 열망하는 듯하다. 과시적 소비는 여가 활동, 주택과 자동차, 의류 등에서 사람들을 포함하고 배제하는 결과를 낳기도 한다. 이러한 소비 양식은 사회적 모임을 결정할 때 중요한 역할을 하기도 한다. 어느 동네 어느 아파트 몇 평에 사는지가 그 사람의 인격과 지위에 영향을 준다. 그 무리에 속한 사람들은 부지불식간에 우월성을 느끼고, 다른 동네 아파트에 사는 사람들을 미묘하게 등급화하기도 한다.

유사하게, 명품 가방이나 명품 옷을 입어야지 어느 모임에서 배타되지 않는다면 이 또한 과시적 소비가 낳는 파벌의 부정적 영향일 것이다. 문제는 과시적 소비가 드라마나 광고를 통해 대중적인 분자적 흐름을 만든다는 것이다. 대중은 자신의 욕망을 채우기 위해, 모임에서 차별받지 않기 위해 과시적인 소비에 동참한다. 여기서 대중은 욕망의 흐름을 차단하지 못하고 끊임없이 욕망을 분출하면서 분자적인 흐름으로 이끌린다. 자신이 파멸과 죽음의 검은 구멍으로 달려가고 있다는 것을 느끼지도 못한 채.

과시적 소비에서 생겨나는 파벌 속물근성은 한국 사회가 천민자본주의에 빠져 오직 돈과 권력만을 중요시 여기는 사회 분위기를 보여주는 씁쓸한 예다. 극단적인 천민자본주의에서 도덕이나 양심, 그리고 상식은 더 이상 필요하지 않게 된다. 대중에게 어필할 가공된 가짜 이미지만이 난무할 것이고, 대중은 분자적 흐름을 타면서 그 가짜 이미지를 향유할 것이다. 그 결과로 어쩌면 우리는 진정한 이미지와 가공된 이미지를 판단할 능력을 상실할 수도 있다. 지식-권력에 의해 순응하는 주체, 그 지식-권력이 생체에 작용하는 생체-권력처럼, 우리는 소비에 길들여지고 파벌에 길들여지며 순응적인 주체로 살아가게 된다. 아버지를 아버지라 부르지 못하는 홍길동보다 더 안타까운 주체가 된다. 홍길동은 그 체제의 부당함을 알고 있었지만, 우리는 그 부당함을 알게 될 기회조차도 상실해버리기에.

속물근성의 폐해가 이렇게 참혹하지만, 사회가 다양해지고 자본주의가 공고해짐에 따라 속물근성을 근절하기는 참으로 어렵다. 또한 사람들이 속물이 되지 않도록 많은 노력을 기울여도, 때때로 속물이 되지 않을 수 없다. 하지만 속물근성이 민주주의에서 근절할 수 없는 악덕일지라도, 그것은 전체주의적 권력이나 파시즘적 욕망과 연관되어 우리 사회에 지대한 악영향을 미칠 수 있기 때문에 절대로 간과될 수 없는 악덕임에 틀림없다. 그리고 한국의 천민자본주의에는 속물이 너무나 만연해 있기에, 속물이 되지 않기 위해서 우리는 어떻게 살아야 할지 한 번쯤 고민을 해야 할 시기인 듯하다.

쉬어가기 2

일상과 속물근성

정다솜(부산외국어대학교 영어학부)

속물근성에 대한 배경지식이 전혀 없었기에 처음 과제를 받았을 때 암담했던 건 사실이다. 교수님이 내주신 "속물근성과 정치성: 주디스 슈클라의 관점을 중심으로"와 『일상의 악덕』을 읽고 나니 차츰 속물근성을 포함한 다섯 가지 악덕(잔혹성, 위선, 속물근성, 배신, 인간혐오)에 대해 감이 잡혔다. 재미가 붙으니까 더 알고 싶어졌고 과제를 써내려가는 과정 역시 재밌을 것 같아 설레었다.

처음 속물근성이란 단어를 들었을 때 머릿속에 떠올랐던 이미지는 드라마에 자주 등장하는 재벌가의 시어머니였다. 그들의 오만하고 하위계층을 대하는 무례한 태도와 지위를 높이기 위해 수단과 방법을 가리지 않는 속물적인 이미지가 가장 먼저 떠올랐다.

속물근성은 17세기부터 뚜렷하게 등장했다. 속물이란 마치 가면을 쓴 것처럼 진실하지 못하며 소위 말하는 꼼수가 있고 완전히 불성실한 사람을 지칭한다. 속물은 높은 사람에게 하는 행동과 낮은 사람에게 하는 행동이 현저하게 다르다. 속물이란 자신이 속해 있는 그룹을 멸시하고 상처 입히는 반면 더 높은 신분을 우월시하고 경배하며 거기에 속하려고 하지만 자신이 하위계층에 속해 있는 것을 깨달으며 스스로 상처 입는다. 이와 같은 속물근성은 자신의 가치를 낮추는 행위이며 나아가 자아를 파괴하는 것이다.

속물근성은 출생에 관련된 속물근성과 파벌에 관한 속물근성으로 나뉜다. 첫 번째 출생과 세습에 관련된 속물근성은 돈이 많은 귀족과 결혼을 하여 지위를 상승시키려는 돈 많은 사람들과, 부자 평민과 결혼하는 것을 못마땅하게 여기는 귀족들에게서 나타난다. 두 번째인 파벌 속물근성은 자신이 속한 파벌에 속하지 못하는 사람을 멸시하며 그 파벌에 아무나 들어오지 못하도록 배척한다. 그런 식으로 자신의 위대함을 과시한다. 이는 현대 사회에서 제3의 속물의 모습, 모든 것이 돈이면 다 되는 형태로 나타나며 우리 주변에서 쉽게 볼 수 있다. 그 예는 아래에 더 자세히 소개하겠다.

내가 생각하기에 속물이란 굉장히 많은 의미에서 기회주의와 닿아 있는 것 같다. 이야기 책에 나오는 박쥐처럼 속물들은 매번 자신에게 이익이 되는 쪽으로 행동하니 일관성이 없고, 숭배를 가장한 아첨을 떨며, 더 높은 사람을 만나면 언제든 등을 돌린다. 그들의 그러한 경배는 진실하게 상대를 대하는 것이 아니라 가식적이고 거짓된 것이기 때문에 많은 경우 부자연스럽고 억지스럽다.

첫 번째 속물근성인 출생 속물근성은 제인 오스틴이 쓴 소설『오만과 편견』에서 잘 드러낸다. 이 작품은 속물들의 집합소라고 할 수 있을 만큼 수많은 계층의 속물을 드러낸다. 오스틴은 캐서린 드 버그 부인과 엘튼 부인을 앞세워 속물근성이라는 악덕의 예를 묘사한다. 상스럽고 허영심이 강한 엘튼 부인은 상대적으로 해롭지 않은 인물이지만, 호화로운 상류계급에 속하는 캐서린 부인은 속물의 면모를 가장 두드러지게 드러낸다. 그녀는 오만하다. 부를 내세워 하류계층을 멸시하며 지나치게 무례하다. 그녀의 이러한 행동 밑바닥에는 단지 부를 가지고 있다는 이유만으로 상류계층이 우월하다는 생각이 깔려 있는 것이다. 이러한 속물근성은 사회의 모든 사람이 가지고 태어나는 평등성을 부정하는 매우 심각한 악덕이다.

최근 중고등학생들 사이에서 노스페이스 패딩이 필수 아이템으로 여겨지는데, 이것은 남이 가질 수 없는, 가지지 못하는 값비싼 물건을 소유함으로써 남에게 보여지는 자신의 값어치를 과시하기 위한 일종의 스놉 효과이다. 그들은 노스페이스 패딩을 갖기 위해 도둑질, 성매매, 갈취 등 부도덕한 행위를 저지르면서도 어디가 잘못됐는지 당최 알지 못한다. 중고등학생뿐만 아니라 성인들도 이러한 스놉 효과에 빠져들고 있다. 우리는 종종 뉴스에서 명품 백을 사다가 감당할 수 없을 만큼의 빚더미에 앉은 여성이나, 남녀를 가리지 않는 명품 백 절도 행위에 대한 소식을 접한다. 똑똑하고 잘 교육받은 성인들이 그만큼 명품에 목숨을 거는 이유는 뭘까? 허황된 우월감에 집착해 명품의 늪에 빠져 허우적거리다 결국 머리까지 다 잠겨버리고 마는 사람들. 이는 그만큼 속물근성이 사회에 미치는 영향이 크고, 속물근성이 사회에 뿌리내리는 속도가 빨라 쉽게 근절되기 힘들다는 것을 의미한다.

두 번째 속물근성인 파벌 속물근성은 출생에 관련된 속물근성보다 비교적 더 많이 주변에서 찾아볼 수 있다. 현재 내가 근로 장학을 하고 있는 회사에서도 집단 속의 집단, 즉 파벌을 형성하고 그 집단에 들어오지 못하게 하는 분위기를 자주 접하곤 한다. 회사의 구조상 3층과 4층으로 나뉘어 있는데, 4층에 비해 3층 사람들은 직책도 없고 상대적으로 궂은일을 많이 한다. 그래서 그런지 식사를 하거나 평소 대화를 할 때 4층 직원들이 3층 직원들을 대하는 태도에서 약간의 깔보는 말투와 분위기를 느낄 수 있었다. "사회생활이 다 그런 것이다"라고 설명할 수는 없는 부분이다. 그들의 그러한 행동은 자신이 속한 상위계층의 파벌을 만들어 자신보다 못한 하위계층을 배척하고 무시하는 속물근성이 토대가 되었을 것이다. 이미 사회는 구조화되어 있기에, 이러한 속물근성이 근절될 수 있을지에 대해서는 의문이 든다.

이러한 악덕의 실례를 찾다가 문득 계속 주변에서만 찾고 있었던 게 아닌가 하는 생각이 들었다. 사실 슈클라의 『일상의 악덕』의 의도가 그렇듯이, 악덕이란 멀리 있는 게 아니라 일상생활 속에서 아무렇지도 않게 우리 모두가 행하고 있는 것이다. 그래서 나의 내면에서 드러나는, 혹은 외적으로까지 행하고 있는 악덕의 일부분을 살짝 이야기하고자 한다.

나의 내면에도 지금의 내 자리보다 더 높은 곳을 추구하며 그것을 얻기 위해 비열하게 행동하는 속물근성이 존재하고 있었다. 사실 그전에도 알고는 있었지만 무의식적으로 외면했던 터라 실제로 과제를 하면서 표면으로 뚜렷하게 드러나 비로소 직시하게 된 것 같다. 실례를 들자면, 현재 근로 장학을 하고 있는 회사에서 직급이 낮은 사람에게 대하는 나의 태도와 대표님이나 팀장님을 대하는 태도가 현저하게 다른 걸 발견하는 매우 당황스러운 순간이 있었다. 인턴십도 아니고 전임 직원으로 들어간 것도 아닌데 직급이 높은 사람에게 아첨까지는 아니더라도 잘 보이려 애쓰는 나의 모습은 의도적일 수도 있지만 본능과도 가깝다. 그러한 행동의 밑바탕에는 성실하게 일을 해서 업적을 쌓으려는 것이 아니라 상위계층의 사람들에게 아첨하여 출세하려는 출생 또는 세습의 속물근성이 깔려 있는 것이다. 남들에게 어떻게 보일까 전전긍긍하는 행동은 내가 느끼기에도 상당히 부자연스럽고 가식적이었다.

그뿐만이 아니다. 무리를 해서라도 값비싼 명품 지갑 구매 계획을 세우던 나를 떠올려보면 그 심리 내면에 꿈틀거리던 속물근성을 이제야 알 것 같다. 그것을 사면 다음 한 달 동안 허리띠를 졸라매야 하는 것을 알면서도 터무니없는 금액을 지불하고 명품 지갑을 손에 넣었을 때 충만하게 느껴지던 그 만족감. 그 만족감은 단순히 필요한 물건을 사서 기뻤던 게 아니라, 남들은 못 가지는 물건을 구매함으로써 나 자신의 가치를 끌어올리는 속물의 전형적인 심리가 아니었나 싶다. 그건 결국 내가 속한 "명품을 사지 못하는" 집단을 멸시하고 그곳에서 벗어나고자 하면서 "명품을 살 수 있는" 집단을 동경하고 그 집단에 속하고자 발버둥치는 야심 어린 모습이었다. 이렇게 쓰고 보니 조금 슬프기까지 하다. 도대체 명품지갑을 구매함으로써 나는 무엇을 얻었지?

일상 속에 존재하는 아주 일부분의 속물근성만 드러내려고 했는데 너무 솔직하게 써버린 게 아닌가 싶어 조금 창피하긴 하지만 확실히 글로 쓰고 보니 나의 내면에 꿈틀거리던 속물근성을 조금이나마 인식하게 된 것 같다. 슈클라가 『일상의 악덕』을 저술함으로써 독자들에게 "악덕이란 대단하거나 특별한 게 아니라 개인의 일상에도 난무한다"는 메시지를 전달하려고 했던 목적이 바로 그런 게 아닌가 싶다.

과제를 준비하면서 그동안 외면하고만 있었던 나의 내부의 속물근성을 직시하게 되었고 사회에 팽배해 있는 속물근성을 그냥 지나칠 게 아니라 한 번 꼭 짚고 넘어가야겠다는 비판의식을 갖게 되었다. 또한 속물근성을 비롯한 다섯 가지 악덕이 현대에 갑자기 생긴 것이 아니라 오랫동안 사회를 좀먹고 있었다는 걸 알게 되었다. 장시간 사람의 마음을 지배했던 것을 보면 속물근성이란 게 정말 독하고 생명력이 강하다는 생각이 든다. 그런 사회악이 하루아침에 이 사회에서 근절되기는 힘들겠지만, 개인적인 문제가 아니라 사회 전체의 문제이니만큼 사회 구성원 모두가 속물근성을 버리고 개개인의 본질을 찾도록 노력해야 할 것이다. 그렇게 개개인이 노력할 때 사회는 점차 변화하기 시작할 것이다.

5.
들뢰즈의 창조성의 시학

정치철학 이외에 권력에 대한 들뢰즈의 사유가 가장 두드러지게 드러나는 곳이 예술분야(특히 문학과 음악과 회화)이다. 다른 분야와 마찬가지로 예술철학에서 들뢰즈는 자신의 사유를 강화하기 위해 많은 개념어를 사용하고 있기 때문에 그 개념들의 의미를 파악하지 못한다면, 그의 사유를 따라잡기가 대단히 힘들다. 또한 분열증적인 글쓰기로 인해 그의 작품들은 상당히 난삽하기도 하다. 그의 글쓰기는 이성에 의해 구조화되고 질서화된 의식이 표출되어 논리적으로 쓴 문체의 특징을 벗어난다. 이는 현대 문명의 이기 속에서 사유와 감각의 분열을 일으키는 인간의 원자적 특성들을 표현하는 현대시와 유사한 점이 있다.

현대시라는 말 이면에는 기존에 것에 대한 새로움이라는 의미가 내재되어 있다고 한다. 현대시는 이성적 사유를 통해 논리적인 의식의 세계를 표현하는 대신 인간의 순수하고 원초적이고 광기 어린 무의식의 세계를 비춰내려고 한다. 시인은 이런 무의식을 자신의 작품에 드러낸다. 프로이트의 말을 빌리면, 시인의 욕망의 언어는 무의식의 시학일 수 있다.

하지만 들뢰즈가 이야기하는 글쓰기는 프로이트의 무의식적 발현과는 다르다. 들뢰즈에게 글쓰기는 무의식과 의식의 교차로서 재료에 표현의 형식을 부여하는 것이 아니라, 언제나 불완전한, 언제나 형성적이기에 중간에 있는, 그리고 어떤 체험 가능한 혹은 체험한 재료를 넘어서는 생성 혹은 되기의 문제가 된다. 시인은 시를 쓰면서 여성이 되거나 동물이 되거나 아이가 된다. 『프로이트를 읽는 오전』에서 시인 김혜영은 프로이트의 그물망에 포획되지 않는 여성과 아이, 혹은 동물이 되고, 『트랙과 들판의 별』에서 시인 황병승은 국가철학적인 기성세대에 대항하는 아이와 동물이 된다.

시인은 또한 여행가가 되어야 한다. 시인은 글쓰기를 통해 자신만의 지도를 그린다. 상상 속의 여행지든 실제적인 여행지든 그곳을 통과하면서 시인은 자연 그리고 삶과 합일을 이루는 새로운 생성을 활성화하면서 지도를 그린다. 이런 여정은 들뢰즈가 말하는 지도의 의미를 갖는다. 지도는 단순히 길의 형상을 그대로 그린 것도, 지표면의 형상을 정확히 재현한 것도 아니다. 시인은 지도 그리기에서 길의 형상과 지표면의 형상을 정확하게 재현해야 한다는 통념에서 자유로울 필요가 있다. 즉 체험 가능한 혹은 체험한 것들을 그대로 나타내는 재현의 권력에서 탈주해야 한다. 왜냐하면 재현은 창조적 가능성을 억압하는 보이지 않는 권력이 작동하는 것이기 때문이다. 시인의 지도 그리기는 창조적 가능성이 잠재된 생산적인 글쓰기여야 하고, 시인은 전형화된 형식과 표현에 탈주선을 그려야 한다. 이는 들뢰즈의 창조성의 시학이 실재화되는 경우이다.

글쓰기의 창조적인 탈주선은 우리의 지도를 구성하기도 하고, 시 창작에서 시인이 타자가 되듯이 자신을 구성하게 한다. 시인의 글쓰기는 다양한 출입구가 그려진 지도이자 리좀이다. 리좀은 시작도 끝도 없고 언제나 중간이며 중간을 통해 자라고 넘쳐나면서, 수목적인 나무와 달리 자신의 어떤 지점과 다른 지점을 연결 접속한다. 리좀은 단어와 단어, 어구와 어구, 행과 행을 연결하면서 아주 상이한 기호체제뿐만 아니라 비-기호의 상태를 작동시킨다.

지도이자 리좀적인 글쓰기는 전통적인 문체의 접근과는 다르다. 들뢰즈는 문체를 언어의 연속적인 변이 과정으로 접근한다. 그에게 문체는 변이 속에 언어를 배치하는 과정이고, 변조이며, 통사론의 질료이다. 언어의 연속적인 변이 과정 속에서 문체는 개인의 심리적 창조물이 아니라 언표행위의 배치이다. 들뢰즈가 문체를 통해 이야기하는 바는 보편적인 형식의 언어 속에서 문체라는 형식의 변이선을 가동함으로써 새로운 표현 형식, 새로운 언어를 창안하는 데 있다. 바로 이것이 이미지와 리듬을 강조하는 시의 언어이자 시의 문체가 아니겠는가!

『프로이트를 읽는 오전』에서 김혜영은 여성이라는 언표행위의 배치 속에서 금기화된 성담론을 여성적 언어로, 전통적이고 남성적인 성담론을 해체하고 희화화한다. 더불어 『트랙과 들판의 별』에서 황병승은 선형적인 서사성을 해체하여 들뢰즈의 분열적 글쓰기와 같은 리좀적인 서사구조를 통해 제도적인 통사적 틀을 무너뜨리거나, 다양한 의성어를 활용하면서 관습적인 의미의 체계를 붕괴시킨다. 이 작품들은 이런 면에서 들뢰즈의 창조성의 시학을 구체화한다고 볼 수 있다.

프로이트 욕망, 삐딱하게 보기

프로이트와 들뢰즈의 중첩을 통한 분석은 새로운 이야기 꾸미기가 될 수 있다. 프로이트 욕망에 대한 들뢰즈의 비판은, 모든 욕망이 본질적으로 성욕에만 집중된다는 것, 모든 욕망이 어머니에 대한 욕망이라는 것, 아버지는 법과 질서, 문화, 문명을 대변하는 자이고, 아버지에 의한 일차적인 욕망의 억압은 하나의 상징계로서 문명화된 모든 인간적 질서의 출발점이 된다는 것과 같이 세 가지로 압축된다.

『프로이트를 읽는 오전』은 제목이 암시하는 바대로, 성욕, 어머니에 대한 욕망, 절대적인 상징적 아버지에 집중한다.

> "당신의 숨소리 날 삼켜보실래요?"(「동백섬」)
>
> "허벅지의 3분의 2지점에서/가로선이 잘리고 두 팔은 다 드러나지요/뭉클하게 처진 젖가슴/균형을 유지하면서 전면에 배치되어 있네요"(「토르소」)
>
> "야릇하게 꼬물거리는 여배우 입술을 쳐다보는데/옆자리에 앉은 남자가 슬그머니/내 허벅지에 손을 갖다 대었어"(「오랜만에 쓰는 근육들」)
>
> "전쟁이 시작되었네 사춘기 꼬마가 침대에/두 손이 묶여 있네 수음하는 아이의 떨리는 눈동자/목사 아빠가 저녁 식사를 금지하네/하얗게 질려가는 아이들/(…)//아빠, 귀걸이가/필요하지 않아요 난 엄마가 아니예요"(「프로이트를 읽는 오전」)

"낚싯줄에 걸린 물고기, 다락방에 앉은 바둑판/엄마의 잠옷 밑으로 손을 넣는 사자"(「별자리」)

"눈이 파란 꼬마가 누나에게 묻네/사랑하면 물어뜯는 거야?/목덜미를 깨무는 아빠는 죽지 않는 거지?"(「프로이트를 읽는 오전」)

"아버지는 얼룩, 보이지 않는 시선"(「별자리」).

이 시들을 프로이트적으로 분석하면 욕망과 무의식으로 수렴된다. 프로이트에 의하면, 본래적으로 억압된 욕망은 사라지거나 해소되지 않는다. 이렇게 억압된 욕망은 무의식 깊은 곳에 남는다. 깊숙한 무의식에 처소하는 욕망은 꿈이나 환상 등과 같은 변형된 형태로 재현되거나, 문학이나 예술에서처럼 암묵적 혹은 암시적 형태로 재현되거나, 법에서 금기하는 부정적 형태로 나타난다. 직접적으로 나타날 수 없게 된 욕망은 드러낼 수 있는 것과 드러낼 수 없는 것 사이에서 다양한 표상들로 재현된다. 이런 결과로 삶은 무의식이 펼쳐지는 하나의 극장이 된다. 뿐만 아니라 시인의 작품도 무의식의 극장이 펼쳐지는 무대가 된다. 하지만 프로이트의 성적 욕망이 하나의 절대적 상징계이기에 억압된 욕망의 무의식이 하얀 종이 위에서 춤을 춘다는 대응은 얼마나 작위적인 등가식인가?

프로이트의 이러한 정신분석은 앞에서 이야기했던 들뢰즈의 네 가지 기호체제 중 하나일 뿐이다. 그것은 네 가지 중에서 전제적인 기표적 기호체제를 의미한다. 정신분석에서 남근(혹은 전제 군주)이라는 기표는 다른 기표들이 잠정적이나마 기의를 갖도록 고정시키는 기표가 되어 특권적인 중심의 역할을 한다. 이런 식으로 들뢰즈는 기표적인 기호체제의 중심에 전제 군주의 기표가 있다고 한다. 그 기표는 전제 군주처럼 모든 기표의 자리를 할당하고 그것의 의미를 주거나 박탈할 수 있다. 그래서 모든 기표는 전제적 기표인 프로이트의 정신분석 기표에 수렴될 뿐이고, 그 무서운 권력의 중심에 아버지가 현존한다. 아버지는 푸코가 말하는 보이지 않는 시선이자 권력이다. 그의 시선은 푸코의 일망 감시체제와 마찬가지로 규율과 훈육을 내면화시킴으로써 자발적인 복종을 이끌어낸다. 그는 주체를 구성하는 대타자이자 주체를 공포에 떨게 하는 절대적이고 폭군적인 초자아다. 다양한 의미의 접근은 거부되고 오직 하나의 의미, 다시 말해 기표는 오직 본질적으로 하나의 중심적인 기표, 특권적인 기표로 환원된다. 아버지의 기표로. 이러한 기표적인 기호체제를 들뢰즈는 편집증적인 체제라고도 하고, 전제군주적인 체제라고도 한다.

황병승은 아래의 시 「아빠」에서 이러한 중심적인 기표인 아버지의 기표를 탈영토화한다.

(…)
아빠 하고 부르면
우선 배가 고프고
아빠 하고 부르면
아빠는 없고
아빠라는 믿음으로

개 돼지를 잡아먹는
먼 나라의 아빠 숭배자들처럼
먹어도 먹어도 먹은 것 같지 않은 아빠를
(…)

아버지의 의미가 위계적인 상징적 질서의 중심점에 있다면, 아빠의 의미는 그 질서를 탈영토하여 친밀감을 나타낸다. 하지만 친밀한 아빠조차도 "아빠라는 믿음"을 버리지 못한 채 아버지의 상징성을 흔적으로 간직한다. 이중적인 의미로서 "아빠"는 절대적인 폭군과 동일한 아버지라기보다는 분열된 주체의 다양한 양태를 대변하는 표상일 뿐이다. 이렇게 시인은 중심적인 기표인 아버지를 탈주하여 다채로운 분열적 기표를 생산한다. 이러한 분열적인 주체로의 탈주는 들뢰즈의 욕망하는 기계 개념을 암시한다.

들뢰즈의 욕망은 존재 자체의 결여를 채우기 위해 끊임없이 대상을 갈구하지만, 그 대상은 계속해서 미끄러지는 프로이트의 욕망이 아니다. 그의 욕망은 다양한 접속을 통해 신체가 작동하는 것이다. 신체와의 접속을 통해 욕망은 무언가를 생산하는 결정적 요인이 된다. 그래서 그것은 성적 욕망으로만 치환되지 않는다. 접속하는 항(혹은 상황)이 달라지면 다양한 욕망이 생산된다. 황병승의 「멀고 춥고 무섭다」에서 분열된 주체인 음악가 ㄱ, 음악가 ㅁ, 음악가 ㅂ처럼. 들뢰즈는 욕망과 기계를 하나로 연결한다. 절단하고 접속하는 방식으로 작동하는 것이 기계이다. 가령 입-기계는 절단하고 접속되는 방식에 따라 말하는 기계, 먹는 기계, 사랑하는 기계가 된다. 다른 접속에서 다른 욕망이 생산된다. 욕망과 기계가 혼합된 욕망하는 기계는 무한한 잠재적 공간 속에서 접속에 따라 긍정적인 (혹은 부정적인) 욕망을 생산하는 기계이다. 욕망하는 기계는 그것이 무엇과 접속하는가에 따라 얼마든지 달라지며 분열된다. 그 결과 기계화된 욕망의 본성이 이웃항에 달라지기도 한다. 즉 어떤 기계를 둘러싼 관계가 달라짐에 따라 욕망의 본성이 달라진다는 것이다. 그러므로 들뢰즈의 욕망은 고정된 어떤 본성을 갖지 않고, 관계에 따라, 접속되는 이웃항에 따라 다른 본성을 갖게 된다. 김혜영이 프로이트를 활용해 법과 무의식의 해방을 욕망하듯, 황병승이 분열된 주체를 통해 동일화된 주체의 해방을 욕망하듯, 욕망은 그 배치에 따라 다양하게 꿈틀거리며 분열된다.

기호 이야기

들뢰즈는 기호체제를 기표적인 전제적 체제, 탈기표적인 정염적 체제, 전기표적인 원시적 체제, 반기표적인 유목적 체제와 같이 네 가지로 분류한다. 프로이트의 욕망에 근거한 남근적 혹은 전제적 기표는 기표적인 전제적 체제이고, 이에 대조적인 기호체제가 탈기표적인 정염적 체제이다.

기표적인 체제는 전제적인 특징을 갖는다. 기표들이 중심적인 기표로 환원하는 것은 전제 군주 체제에서 쉽게 드러난다. 전제 군주의 말 혹은 기호는 신하와 사제들에 의해 무한히 해석된다. 하지만 전제 군주는 그 해석들을 하나의 의미로 통합할 수 있다. 전제 군주는 의미화의 중심에 자리 잡는다. 이러한 기표적인 전제적 체제는 기표가 기의보다 우위를 점하면서 기표와 기의의 일대일 대응 관계를 갖는다. 비록 기표가 무한히 미끄러지더라도 전제 군주의 생각에 부합되지 않는 기의는 소용이 없다. 오직 전제 군주의 말 혹은 얼굴이 법이고 권력이자 신의 계시가 된다.

탈기표적인 체제는 기표적인 의미화의 중심에서 벗어나는 체계다. 이는 기표적인 권력에 익숙하게 길들어져, 그 권력에 복종하던 것을 중단하기에 배신의 체제라고 불린다. 탈기표적인 체제는 탈주선에 의해 시작되는 체제이고, 지배적인 의미작용과 확립된 질서 세계를 거부하고 배신하는 체제이다. 비록 기표와 기의의 일대일 대응 관계를 탈영토화하지만, 자기-동일화적인 주체화 과정에서 기호들은 해석되고 재영토화된다. 기독교의 교리를 자기 본의로 해석하여 사리사욕에 열중하는 사람들과 같이, 탈기표적인 체제에서는 자기 주체적으로 기호를 해석하기에 다양한 해석이 생산되지만 부정적인 결과를 양산할 가능성이 있다.

이 두 기호체제는 독립적인 것이 아니라 서로 혼합된다. 오직 기표-기의가 일대일로 대응하는 의미만을 추구할 수 없거니와 기표의 계속적인 미끄러짐을 통해 의미작용의 무한한 지연(혹은 연기) 또한 불가능하다. 그래서 이 둘은 서로 끊임없이 간섭하고, 서로에 대해 되작용하고, 서로를 각자 안으로 끌어들인다. 이런 속성은 김혜영의 아래의 시 「기호 이야기」에 잘 드러난다.

당신이란 상상 속의 기호를 혼자
사랑했지요.
(…)
만 년이 지난 뒤
무의식에 남아 있을지도 모르죠. 당신이란
기호가 꽃으로 피었던 적이 있었다는 것을
당신이 흡혈귀처럼 내 피를 빨아 먹는다는 것을
알게 된 것은 십오 년이 지난 가을이었죠.
당신만 피를 빠는 줄 알았는데 난 당신의
다리에 붙어서 이(蝨)처럼 당신의 살갗에
혀를 갖다 대곤 했죠. 당신이란 기호는
중세의 흑기사처럼 남도를 따라 가다가
해가 떠오르는 새벽에 입맞춤을 했지요.
당신이란 기호를 기다리며 붉은 와인을
식탁에 놓고 멍하니 바라보곤 했지요.
밤마다 낡은 옷장 문을 열고 내려와
이부자리에 나란히 눕는 당신이란 기호는
거대한 박쥐가 되어 천장으로 올라갔지요.
(…)
얄밉기도
하지만 당신이란 기호가 오래 오래 내 곁에
머물기를 바라지요. 혼자 찬밥을 먹는
중세의 겨울 저녁을 견딜 수 없을 거야.

당신이란 기호를 그리워하는 또 하나의 기호.

이 시에서 "당신"은 하나의 기호이다. 시인이 "당신이라는 기호"라고 한 이유도 바로 여기에 있다. "당신"이라는 기호는 시인이 체험하거나 상상한 수많은 경험과 사유가 농축되어 있기에, "당신"은 기표적인 의미화로 해독될 수 없다. 여기서 "당신"은 탈기표적인 체제의 흐름을 갖는다. 즉 "당신"은 기표 차원보다는 시인의 상상과 사유 속에서 형성되어 있는 기의 차원의 기호라고도 할 수 있다. 시인은 이것을 기호 이야기라고 명명하고 있다. 기호라고 하지 않고 기호 이야기라고 한 것은 "당신"의 의미가 단순한 사랑 이야기의 연인으로 대응하는 것이 아니라 잉여적인 속성을 가짐을 의미한다.

또한 시인이 그리워하는 "당신"은 "꽃", "흡혈귀", "이", "흑기사", "박쥐" 등의 질료로 표상된다. 이러한 질료들을 통해 "당신"은 미움과 애정이 점철되기도 하고 사랑이 가득차기고 하면서 강밀한 주파수와 공명을 주는 의미가 된다. 이런 점에서 "기호 이야기"는 일대일 대응적인 해석을 거부하는 탈기표적 속성이 강하지만, 추상화된 사랑과 그리움의 관례적인 의미를 완전히 탈주할 수 없기에 기표적인 의미화 속성을 완전히 거부하지도 않는다. 안정적으로 구축된 1몰의 원자 혹은 분자 속에 6.02×10^{23}개 전자의 인력 · 척력과 주파수 · 공명처럼, "기호 이야기"는 예속화된 해석을 거부하는 사랑과 그리움의 이야기지만 사랑과 그리움의 의미를 충만하게 가득 채우면서 재영토화될 수 있다.

주파수의 떨림과 공명이 충만한 언어적 표현은 황병승의 「문친킨」에서 두드러진다. 이 시는 들뢰즈가 강조하는 언어를 더듬거리게 하는 방식을 잘 드러낸다.

(…)
문친킨 문친킨
스위트 워러의 말이다
언제부턴가 나는 이 말을 자주 중얼거린다
배고플 때
외롭거나
답답할 때
잠이 오지 않는 밤
머릿속이 온통 뒤죽박죽일 때
뒤죽박죽으로 출렁거릴 때
담배를 뻑뻑 피우며
문친킨 문친킨 … 하고 말이다
(…)

문친킨이 "무슨 뜻이든", 문친킨의 "세계가 있고", 그 세계는 기표와 기의가 일대일로 대응하는 그런 세계가 아니다. 하나의 리듬처럼 떨림과 공명을 주는 "문친킨"이라는 기호는 의미의 탈영토화뿐만 아니라 통사적 구조의 탈영토화를 구현한다. 동시에 "시적 언어의 원시적 에너지, 혹은 마법적인 신비를 보유한다."(『트랙과 들판의 별』 210) 이는 감각과 사건이 일치하여 하나의 작품이 탄생하는 것이자 제도화된 언어를 탈주하는 경우라 할 수 있다.

더불어 하나의 기호는 김혜영의 「토르소」에서 풍경과 중첩되기도 한다.

(…)
뭉클하게 처진 젖가슴
균형을 유지하면서 전면에 배치되어 있네요
사막의 능선을 닮은 허리와 엉덩이의 구조
어때요? 난 뮤즈예요
사막에 드문드문 나 있는 잡초처럼 검게 처리된 음모
흑백 사진 안에 내 얼굴은 없어요
심장이 멎을 듯 떨리던 입술, 화면을 사로잡는
시선이 없어도 당신을 소유할 수 있지요

(…)

드디어 1분, 당신은 카메라 셔터를 닫는군요
시간은 잠시 어항 속에 넣어두었죠
선인장이 꽃을 피웠군요
사막에는 오래 전에 죽은 소의 머리뼈가 누워 있군요
난 뮤즈예요. 얼굴이 없는

이 시에서 신체는 사막의 풍경으로 탈영토화하고, 사막은 신체의 특징을 그대로 드러낸다. 살바도르 달리(S. Dali)의 그림「메 웨스트」에서 얼굴이 풍경을 이루듯이, 이 시에서 신체는 사막이라는 풍경을 이룬다. 기표적인 전제적 체제로 이 시를 해석한다면, 이 모델의 신체는 성적 대상일 뿐이다. 미적인 성이 저급한 포르노 사진으로 포획되는 것과 같이. 그 결과 이 신체의 풍경은 욕망을 성욕으로만 수렴하는 권력의 기호가 된다. 하지만 이 신체가 티치아노(V. Tiziano) 그림의「우르비노의 비너스」모델처럼 부드럽고 격조 있는 시선을 가진 누드모델의 고운 신체라면, 그것은 미적인 이상을 구현하는 세잔(F. Cezanne)의 풍경화처럼 자연적인 풍경화로 탈영토화하는 신체가 될 것이다. 이 또한 탈기표적인 체제와 기표적인 체제가 적절하게 만나는 경우이다.

기호와 풍경이 중첩되는 또 다른 경우는 황병승의「그녀의 얼굴은 싸움터이다」이다.

(…)
그녀의 얼굴은 싸움터이다
그녀는 금방 사랑받고 금방 잊혀진다
어둠 속, 한 여자가 울고 두번째 여자가 울고 세 번
째 여자가 뛰쳐 나간다
기침 끝없는 기침처럼 거울을 사이에 두고 두 여자
가 서로의 얼굴을 향해 침을 뱉었다

여기서 자아의 얼굴과 거울에 재현된 얼굴은 일치하지 않는다. 분열된 주체의 흐름처럼 다양하게 재현된 얼굴을 거울은 반사시킬 것이다. 기표가 기의를 미끄러지듯이. 들뢰즈는 얼굴-언어 개념을 통해 기표적인 전제적 체제를 왕(혹은 군주)의 얼굴과 상응시킨다. 성난 왕의 얼굴은 절대적 기표를 의미하고, 이 얼굴은 하나의 풍경으로서 권력적 기표를 나타낸다. 왕의 얼굴-언어는 전제적인 권력적 풍경을 표상한다. 이러한 기표적인 전제적 체제를 배신하는 기호체제가 탈기표적 기호체제이고, 이 체제에서 얼굴은 성난 왕의 얼굴을 돌아선다. 즉 돌아선 얼굴은 탈기표적 기호체제와 상응한다. 이 시에서는 돌아선 배신의 얼굴이 아니라, 동일화된 재현을 거부하며 근원적인 자아와 마주보면서 침을 뱉는 얼굴이다. 기표와 기의의 일대일 대응을 거부하는 배신의 형태로서. 이러한 얼굴 이미지는 분열된 주체를 묘사하는 풍경으로서 배치와 사건에 의해 리좀적인 흐름을 추구하는 욕망하는 기계의 생성적인 주체 이미지를 대변한다.

되기 혹은 생성

들뢰즈가 주목하는 것은 "존재"가 아니라 "생성"을 사유하려 한 사람들이었고, 고체적인 안정성을 추구하던 사람들과 반대로 액체적인 유동성을 잡아타고자 한 사람들이었다. 고정화된 존재가 아니라 유연한 존재 되기는 존재가 아니라 존재 사이에 벌어지는, 하나의 존재에서 다른 존재의 변화를 주목하고, 그러한 변화의 내재성을 주목하며, 그것을 통해 끊임없이 탈영토화되고 변이하는 삶을 촉발하는 것이다.

되기는 이렇게 자기 동일적인 어떤 상태에서 벗어나 다른 것이 되는 것이고, 어떤 확고한 것에 뿌리박거나 확실한 뿌리를 찾는 것이 아니라 거기서 벗어나는 것이다. 간단히 말해 되기는 근거를 찾는 것이 아니라 근거에서 벗어나 탈영토화되는 것이다. 이런 점에서 뿌리와 수목이 아니라 리좀을, 정착이 아니라 유목을, 경직된 위계질서적인 홈 패인 공간보다는 수평적이고 유연한 매끄러운 공간을, 관성이나 중력에서 벗어나는 편위를 선호하고 강조하는 것은 되기와 밀접한 관계가 있다. 따라서 생성을 사유하고 생성적 삶을 산다는 것은 영속성과 항속성, 불변, 기초, 근본 등과 같은 초월적인 중심 단어들과 별리하는 것이고, 변이와 창조, 새로운 것의 탐색과 실험을 끊임없이 추구하는 것이다.

되기는 이렇게 하나의 양태에서 다른 양태로 문턱을 넘는 것이다. 되기에는 권력적이고 수직적인 남성성에 대치되는 여성, 아이, 동물과 혼합된 여성-되기, 아이-되기, 동물-되기가 있다. 여성-되기는 김혜영의 「becoming」에서 잘 드러난다.

(…)

소녀 때부터 달마다 반복되는 일
우주 하나가 몸 안에 태어나

그믐달 지는 밤 스르르 죽었나 보다

분홍색 나일론 팬티를 사다주신 아버지
붉은 꽃들이 바다로 흘러가는 날
두개골을 쪼개고 지나가는 두통

사춘기를 통과하는 소녀의 호기심
남자 바지주머니에 손을 넣어본다
척추를 지그시 누르는
묵직한 억압은 어디서 올까?

인형의 시체가 가득한 쓰레기통
아이를 기다리는 둥근 방의 울음

늙지 않는 소녀가 복제되는 천국
소녀의 속눈썹 파르르 떨리고
소년의 뒷모습이 뇌리에 박힌다

인형처럼 아이를 낳는 시대
불법 복제된 첫사랑의 멜로디
왼쪽 눈에 새까만 음표로 떠다닌다

이 시는 소녀가 사춘기를 통과하며 호기심 어린 육체적 사랑을 통해 여성이 되는 과정을 성적인 측면에서 다룬 것이다. 차이 나는 것만 되돌아온다는 들뢰즈의 말처럼 소녀는 사랑의 사건을 통해 또 다른 자아로 탄생한다. 고정적이고 초월적인 주체를 부정하는 들뢰즈와 같이, 주체는 다양한 사건과 배치를 통해 유동적인 흐름을 타는 자아로 변형되거나 생성된다. 이 시의 소녀는 비록 사랑과 성이 일치하지 않는 일들이 발생하는 현시대에 대한 비판에서 자유롭지 못하지만, 남성 중심적 성을 거부하고 그것에 대한 해방을 실현하기에 능동적인 자아의 생성을 추구한다. 즉 억압적인 위계질서를 거부하면서 다양한 잠재적 가능성이 실제화되는 하나의 능동적 여성-되기를 구체화한다.

동물-되기는 김혜영의 「현무, 강서대묘 널방 안벽 벽화」에서 잘 표출된다.

죽어서도
한 몸이 되고 싶었을까
사향이 풍기는 거북의 뒷다리 사이로
뱀이 머리를 쑥 밀어 넣는다
젖무덤 같은 거북의 등짝을 휘감고
앞다리 사이로 빠져나가
반원을 그린 후
고개를 뒤로 젖힌 거북의 입술과
뱀의 입술이 마주 선다

(…)

죽은 연인의 입술에
봄바람 후우 불어
북방 아득한 곳에 태어나
하늘무덤 별자리로 회귀하는 현무
죽어서도
한 몸이 되어 살았을까

시인은 시를 쓰면서 동물이 된다. 현무는 암수가 한 몸이고 몸과 다리에 뱀이 칭칭 감겨 있고 다리는 거북의 모습을 하고 있다. 현무는 암수가 서로 합하여 조화를 이룬다는 의미를 지니고 있다. 양과 음의 조화. 시인은 현무가 암수 조화를 이루는 것처럼 동물-되기를 통해, 상수(constant)와 항상적인 관계만을 부각시키며 척도와 규범으로 현재적인 상태를 유지하는 남성적 권력으로부터의 해방을 욕망한다. 이는 또한 프로이트의 권력적인 무의식으로부터의 탈주를 암시한다고 볼 수 있다.

김혜영과 유사하게 황병승은 제도권적인 기성세대의 고착화된 사상을 거부하고 비판하면서, 동물과 아이 되기를 다음 두 시에 표현한다.

(…)

죽어도 좋아,

주먹을 내려다보는 소년
사라지는 달콤함의 시간들
… 너의 티셔츠에선 언제나
검은 줄무늬 고양이 냄새가 나 (「고양이와 자라는 소년」).

당신이 내지르던 그 야단스런 음계들이 뭘 의미하는지
꿈에서조차 나는 알고 싶지 않는데, 나는 두드린다!
어린이날이라고
당신은 나를 피아노 앞에 주저앉히고
나는 더 세고 강하게!
두드려도 괴롭고
두드리지 않아도 괴롭고
당신은 그저 즐거워, 한다 어린이날 기념 독주회라고
우리 아이는요 금세 피아노의 주인이 됩니다 보세요
곧 알게 되겠지만,
내가 당신을 이해한다고
되는 것은 아니다 (「어린이날기념좌절어린이독주회」).

전자는 동물-되기, 후자는 아이-되기가 드러난다. 이 시들은 기성세대 권력의 무의식적 환영과 환상으로부터 자유로워지고자 하는 작가의 탈주를 암시한다고 볼 수 있다.

무의식 속에 은폐된 환영이나 환상이 해방되어 유희하는 가장 대표적인 시가 김혜영의 「파라다이스」다.

축제가 시작되었다
삐거덕거리는 강의실 문이 열리고
우리는 햄릿의 집(Hamlet House)으로 달려갔다
햄릿을 읊조리던 청춘들이 막걸리를 마셨다
매캐한 최루탄 냄새가 유령처럼
미리내 골짜기에 흘러 다녔다
회색빛 우울이 번지던 군사정권 시절
오필리어처럼 자살을 꿈꾸기도 했다

불꽃이 피어올랐다 예순 살의 소녀와 소년들
워즈워드, 바이런, 셸리가 지은 책은 숲에서
블록놀이에 열중하고 있다 끝이 없는 길에서
만난 우리들은 서로 꼬옥 안아주었다

(…)

촘스키의 통사론을 열강하시는 교수의 입술에서
하얀 꽃이 뛰어나왔다 어깨에 묻은 분필 가루
그는 나뭇가지를 칠판에 그렸다 학생들은 노트에
그린 나뭇가지를 연애편지에 그려 넣었다

폭풍의 언덕으로 질주하던 소녀와 소년들의 머리에

희끗희끗 풀잎이 돋아났다 환하게 열린 봄 바다

고도를 기다리는 과거와 미래의 청춘들
효원 광장에 앉아 베게트와 버지니아 울프와
플래스가 쌓은 블록으로 푸른 숲을 만든다
긴 복도와 콰이강의 다리
미리내 계곡 너머 별이 춤추는 파라다이스

햄릿은 아버지를 죽인 클로디우스에게 복수를 하지 못하고 분열적으로 변한다. 오필리어는 햄릿의 배신으로 인해 미쳐버린다. 환영이나 환상에 지배된 두 인물은 죽음이라는 비극적 결말을 맞이한다. 우리는 무의식의 환영과 환상에 지배되어 늘 비극을 맞이해야만 하나? 시인은 인정하지 않는다. 그래서 불꽃이 피어오른다. 환영과 환상은 지배 이데올로기가 만든 하나의 신화일 뿐이다. 소녀와 소년은 낭만주의 시인 워즈워드(W. Wordsworth), 바이런(G. G. Byron), 셸리(P. B. Shelley)의 작품들을 읽는다. 하지만 전형화되어버린 낭만주의 시에는 답도 없고 길도 보이지 않는다. 서로 간 우정의 접속만을 확인한다. 또한 촘스키(N. Chomsky)의 통사론 강의를 들지만 생성문법의 위계질서적인 나뭇가지를 리좀적인 사랑의 나뭇가지로 변형시킨다.

축제는 계속된다. 축제가 열리는 봄의 공간은 탈영토화의 공간이자 접속의 공간이며, 보이지 않는 권력에 무의식이 억압될 필요가 없는 순수하고 매끄러운 공간이다. 국가장치의 수목적인 특성을 갖는 홈 패인 공간에서 해방된 소녀와 소년은 전쟁기계의 유목적인 매끄러운 공간을 표현했던 작가 베게트, 버지니아 울프, 플라스의 작품들을 읽는다. 이들 작가가 됨으로써 해방의 공간 파라다이스로 향한다. 이 공간은 보링거의 추상적 선이 부각되는 고딕 건축처럼 촉감적이고 유목적인 공간이자 매끄러운 접속의 공간이 된다. 이로써 축제의 공간은 새로운 생성의 가능성이 잠재된 긍정의 공간이 된다.

생성적 공간은 물론 수목적인 홈 패인 공간이 아니라 유연하고 매끄러운 공간이다. 이 공간은 황병승이 표현하는 공간인 길과 광장이다. 길과 광장은 국가철학으로 재단할 수 없고, 유목적 사유가 유희하는 곳이다. 이런 유목적 사유는 특히 황병승의 「트랙과 들판의 별」에 구체화된다.

> 우리에겐 우리들만의 승리가 있다
> 그러니 모든 길과 광장은 더러워져도 좋으리
> 술병과 전단지와 색종이 토사물로 뒤덮여도 좋으리
> 창가의 먼지 쌓인 석고상은 녹아버려라
> 거추장스러운 외투와 속옷은 강물에 던져버려라
> 우리에겐 우리들만의 승리가 있다
> 배척된 채로
> 배척된 채로

여기서 시인은 초월적인 국가철학을 의미하는 석고상, 외투, 속옷을 던져버리고자 한다. 배척된 채로 현존할지라도, 유목적 사유가 가능한 트랙과 들판에서 소수자로서 살아가고자 한다. 그 삶은 타인의 시선에 의해 재단되는 패배를 암시하는 것이 아니라 접속과 연대를 통해 창조적인 생성이 발현하는 희망을 암시한다.

들뢰즈가 예술철학에서 지적하듯이, 새로운 사유를 구현하는 시는 새로운 사유의 감각을 촉발하고 우리의 감각과 정서를 변용시키며, 우리가 새로운 사유의 리듬에 적절하게 감응하게 만든다. 프로이트를 자기 변용화한 김혜영의 시는 우리에게 새로운 감응을 촉발시키는 강밀함과 공명을 준다. 프로이트로부터의 탈주를 갈망하는 「프로이트를 읽는 오전」은 재현으로서의 프로이트가 아니라 들뢰즈가 강조하는 생성으로서의 프로이트가 될 수 있는 가능성을 안내해준다. 마찬가지로 황병승도 「트랙과 들판의 별」에서 사건과 사건의 리좀적인 접속을 실현하고, 서정적인 측면과 서사적인 측면의 혼종 교배를 통해 새로운 이야기 꾸미기를 구현하며, 리듬적인 언어의 더듬거리기를 통해 통사적 구조를 탈영토화하여 새로운 언어를 창안한다. 이러한 움직임들이 들뢰즈의 생성적인 창조적 시학을 구체화하는 시도가 아닐까 한다.

6.
푸코의
권력의 전략

직접적으로 통제하고 관리하는 보이는 권력과는 대조적으로 보이지 않는 권력은 그 권력이 적용되는 대상을 교묘한 방식으로 객체화하는 권력이다. 이 권력이 제대로 행사되려면, 지속적이고 철저하며 어디에나 있고, 또한 모든 것을 가시적으로 만들면서 자신은 보이지 않는, 그러한 감시수단을 갖추어야 한다. 그 감시는 사회전체를 지각 대상으로 만드는 얼굴 없는 시선과 같아야 한다. 보이지 않는 권력은 푸코가 일생 동안 개진했던 권력 개념과 직접적인 상관성을 갖는다.

푸코는 공식적으로 권력으로 불려왔던 국가권력이나 주권과 같은 권력뿐만 아니라, 여태까지는 권력의 형태로 이해되지 않던 각종 관계에 권력이라는 이름을 붙였다. 가령 부모-자식 관계, 선생-제자 관계, 의사-환자 관계 등 일반적으로 사랑을 핵심으로 이해했던 관계들을 권력으로 보여주었다. 나아가 그는 이와 같은 수많은 관계를 권력이라 이름 붙임으로써 이들 관계가 거대한 그물망을 이루며 상호작용하는 모습을 보여주었다. 말하자면 푸코는 서구 사회의 온갖 좋은 이름으로 분리된 관계를 권력으로 착색하여, 전체적으로 같은 방향으로 움직이고 있는, 사회 전체를 통해 분포되어 움직이고 있는 "권력 관계의 전체적인 조감도"를 제시하였다. 특히 『감시와 처벌』(*Discipline and Punish*)은 권력이 인간과 신체를 어떻게 처벌하고 감시하였으며, 그 과정에서 효과적인 훈육 과정을 통해 근대적 인간의 모습은 어떻게 태어났는지를 기술한 책이다. 이 책은 인간을 처벌하고 감금하는 권력에 대한 서술이자, 권력의 역사이자 권력에 대한 철학적 이론이기도 하다.

여기서 주지해야 할 점은, 푸코의 관심이 권력의 개념에 있는 것이 아니라 권력이 침투해 들어가는 경로의 추적에서 발견되는 전략성, 즉 권력의 전략에 있다는 사실이다. 이 과정에서 폭로되는 것은 근대 권력이 만들어내는 훈육적 주체임이 명백해진다. 권력의 메커니즘 속에서 객체화된 주체와 훈육적 주체를 만들기 위해 실시했던 효과적인 방법은 규율과 감시였다. 감옥에 대한 연구, 즉 규율과 감시에 대한 연구를 통해 푸코는 권력이 지식-권력으로 존재할 뿐만 아니라 직접적으로 신체에 작용하는 권력, 다시 말해 생체-권력임을 분명하게 밝힌다. 푸코가 계보학적인 방법으로 접근했던 생산적인 권력은 객체화된 주체와 훈육적 주체를 만들기 위해 규율과 감시를 시행하고, 그 과정 속에서 지식-권력과 생체-권력이 형성된다고 볼 수 있다. 그러면 이러한 규율과 감시, 그리고 지식-권력과 생체-권력이 어떻게 우리 일상생활에서 구체화되는가?

규율

신체의 활동에 대한 면밀한 통제를 가능케 하고, 체력의 지속적인 복종을 확보하며, 체력에 순종-효용의 관계를 강제하는 방법을 규율(혹은 훈육)이라고 부른다. 규율은 타자에 대한 복종을 전제할 경우, 개인으로 하여금 자기 자신의 육체에 대한 통제를 강화하도록 하는 것을 주목적으로 삼는다. 다시 말해, 규율은 신체의 능력 신장이나 신체에 대한 구속을 강화하도록 하고, 유용한 신체와 복종적인 신체를 지향하도록 하는데, 이때 인간의 신체는 "그 신체를 파헤치고 분해하며 재구성하는 권력 장치 속으로 들어가게 된다." (『감시와 처벌』 217)

규율에 의한 강제력은 이렇게 능력 증진과 지배 확대 간의 구속 관계를 신체를 통해 확립해두는 것이다. 이것이 적절하게 적용되는 곳은 학교와 군대, 특히 폭력 조직이다. 이 조직의 구성원들은 상부 권력의 명령에 복종해야 하고 그 조직의 규율을 반드시 준수해야 하며, 이를 통해 자신들의 능력을 효과적으로 발휘해야 한다.

푸코는 『감시와 처벌』에서 권력 기관에 속한 구성원들에게 필요한 규율을 확립하기 위해 다음과 같이 네 가지 조건을 제시한다. 첫째, 개개인들이 규율에 복종할 수 있도록 그들이 처해 있는 공간은 여러 가지 단위로 분리되어 있어야 하며, 각 단위의 책임자는 자기의 감독대상을 철저히 파악하고 근무태도나 발전단계 등을 언제나 기록해두어야 한다. 둘째, 규율은 일과 시간표에 따라 개인이 활동할 수 있도록 하여 군인들의 동작 하나하나가 로봇처럼 움직일 수 있도록 해야 한다. 셋째, 규율은 개인의 신체에 시간의 의미를 주입하여, 개인의 능력이 최대한도로 효과적으로 발휘되도록 신체의 발전단계를 구분지어 신체를 훈련시켜야 한다. 훈련이야말로 개인의 신체를 대상으로 하는 권력이다. 넷째, 규율은 개개인의 힘과 능력을 규합시킬 수 있는 전략에 초점을 맞추어야 한다. 권력의 전체적 전략 속에서 주어진 역할을 얼마나 충실히 수행할 수 있는지가 중요한 문제이기 때문에, 엄격한 지휘와 감독체제 아래 개개인의 힘과 능력을 권력의 목표에 부합할 수 있도록 일사불란하게 만들 수 있어야 한다.

요약하면, 네 가지 조건들은 여러 공간으로 분리된 채 업무 분담에 따른 일람표 작성, 일과 시간표에 따른 작전 짜기, 시간과 신체의 상관화를 위한 훈련시키기, 힘과 능력을 효율적으로 증진시키기 위한 전술 꾸미기이다.

이 네 가지 조건들은 학교와 군대 생활에 적절하게 맞아 떨어진다. 첫 번째 조건은 공간 분리와 업무 분담에 따른 일람표 작성인데, 학교는 학년과 반으로 공간이 분리되어 있고, 효율성을 명목으로 우등반과 열등반으로 나누기도 한다. 또한 학교는 1교시에서 8교시까지 국어, 영어, 수학, 국사, 체육, 음악 등의 과목을 배우는 시간표를 나눈다. 인문계 고등학교는 여기에 0교시와 보충수업, 야간 자율학습 시간을 일람표에 추가한다. 각각의 구분된 시간은 과목 학습과 자율 공부를 위해 활용된다. 물론 수업 태도와 자율학습 태도는 선생님이나 반장을 통해 관리된다.

둘째는 일과 시간표에 따른 작전 짜기로, 오전 수업과 오후 수업은 연중 계획표에 따라 다양한 과목들의 진도를 따라가고 이해시키기 위해 고안되고, 보충수업은 대학을 입학하기 위해 중요한 과목인 국어, 영어, 수학 등의 수업으로 구성된다. 자율학습 시간은 학생들 스스로 공부하는 시간으로 짜여진다.

셋째는 시간과 신체의 상관화를 위한 훈련시키기다. 국어와 영어 같은 언어 과목은 그것에 맞는 교수법이 있고, 수학이나 과학(특히 물리나 화학)과 같은 수리 과목은 그것에 맞는 교수법이 있다. 또한 체육과 음악과 미술은 앞의 과목과는 다르게 신체를 훈련시키는 과목이다. 자율학습은 신체를 학생들이 관리하면서 스스로 훈련하는 시간이다.

넷째는 힘과 능력을 효율적으로 증진시키기 위한 전술 꾸미기이다. 과목에 따라 교수법이 차이가 있는 것처럼 각 과목의 효율을 증진시키기 위해서는 각기 따른 공부법이 요구되기도 한다. 언어영역인 국어와 수리영역인 수학이 차이가 나고, 같은 언어영역이지만 모국어인 국어와 외국어인 영어의 학습법이 다르다. 직접적으로 신체를 훈련시키는 체육 시간은 튼튼한 신체를 갖기 위한 과정으로서 활용된다.

비록 일상적인 학교의 예를 들었지만, 학교는 자발적이든 강제적이든 좋은 대학에 많은 학생들을 보내는 성과를 내기 위해 필요한 훈육을 시행하고, 학생들이 그것에 맞는 신체를 계발하도록 훈련시킨다. 이 네 조건을 통해 푸코가 중요하게 여기는 것은 신체를 배치하고 그로부터 규범화한 활동과 숙달된 능력을 만들어내는 일이고, 또한 계산된 조합으로 다양한 힘의 결과의 성과를 높이는 일이며,

학생들은 규율을 확립시키는 조건들을 통해 자신의 임무를 적절하게 완수할 수 있도록 훈육을 받는다.

규율을 바탕으로 한 권력은 이처럼 신체를 훈육시키는 일을 주기능으로 삼는다. 규율 중심적 권력의 주요한 기능은 선별하고 부과하는 것보다는 훈련시키는 것이고, 물론 더욱더 많은 것을 선별하고 부과하기 위하여 훈련시킨다. 그래서 권력은 사람들의 힘을 감소시키기 위해서 힘을 묶어두려고 하지 않는다. 그 힘들을 전체적으로 증가시키고 활용할 수 있도록 묶어두면서 그 힘들을 권력의 전략에 맞게 활용하는 것이다. 즉 근대 권력은 신체를 억압하는 것이 아니라 신체를 훈육하여 전략적으로 활용하는 것임을 명심해야 한다.

그런데 푸코가 지적하는 권력의 문제는, 권력이 폭력의 본질을 교묘하게 숨기려고 시도한다는 것이다. 푸코는 권력이 이러한 시도를 성공하기 위한 수단을 제시하는데, 그 수단이란 위계질서적인 감시, 규범화된 제재, 그리고 시험을 결합시키는 방식이다.

먼저 푸코가 위계질서적인 감시를 통해 강조하는 바는, 규율이 행사되는 집단 혹은 기관 혹은 장치의 경제성과 목적에 부합하도록 규율 중심적 권력을 통합적으로 조직하는 것이고, 또한 그 권력을 다양하고 자동적이며, 익명인 권력으로서 조직하는 것이다. 두 번째 시도로서 비가시적인 권력이 행하는 규범화한 제재의 목적은 구성원들을 규격화하는 것이다. 푸코가 강조하듯이, 규격화를 추진하는 권력은 동질성을 강제한다. 즉 그것은 모든 규율 중심적 권력 체제에 속한 구성원들을 비슷하고 유사한 모습으로 만드는 방법이다.

이렇게 규범 중심적인 권력은 규범이 된 동질성의 세계 안에서 구성원들의 개별적인 차이를 완화시켜 그들을 어떤 척도에 맞도록 만든다.(『감시와 처벌』 289) 마지막으로, 위계질서적인 감시와 규범화한 제재를 통합시키는 것이 시험이다. 푸코에 의하면, 시험은 규격화하는 시선이고, 자격을 부여하고 분류하고 처벌할 수 있는 감시이다. 또한 그것은 개개인을 분류할 수 있고 제재를 가할 수 있는 가시성의 대상으로 만들어버린다. 즉, 시험은 개인을 권력의 결과와 대상으로, 지식의 결과와 대상으로 만드는 여러 방식의 중심에 자리 잡고 있다.

특히 시험은 위계질서적인 감시와 규격화에 따른 처벌을 결합시키면서 주요한 규율 중심적 기능을 확보하는 데 필수 역할을 한다. 시험을 통해 보이지 않는 권력은 구성원들에게 효과적으로 규율이 침투하고 스며들도록 할 수 있다. 물론 이 메커니즘 속에서 시험은 한 사회적 장(場) 속의 다양한 기관과 집단에 규율을 침투시킬 수 있는 수단이 될 수 있다. 이런 의미에서 푸코는 "규율은 시험과 더불어 관례화한다"(『감시와 처벌』 300)라고 말한다.

시험이 위계질서적인 감시와 규범화한 제재를 통해 하나의 규율 중심적인 기능으로 역할을 수행하는 예를 토익을 통해 빼딱하게 접근해보자. 1990년대 말부터 지금까지 토익 시험은 취업을 위해 반드시 필요한 과정이 되었다. 기업들이 입사 지원학생에게 토익 점수를 요구하기 때문에 학생들은 토익 시험을 쳐야만 한다. 기업은 학생들의 영어 실력을 가늠할 수 있는 편리한 수단으로서 고득점의 토익 점수를 요구한다. 토익 점수는 기업이 위계질서적이고 체계적으로 학생들을 감시할 수 있는 도구가 된다. 고득점을 받기 위해 사설 학원이 많이 생겨났고, 다양한 책이 출판되었다. 심지어 대학교에서도 취업영어라 하여 토익을 가르치는 강좌가 유행처럼 편성되었다. 학생들은 학기 중이나 방학 동안 유명한 토익학원이나 인터넷에서 족집게 토익강사에게 다양한 시험 스킬과 전략을 배운다. 고득점을 받지 못하는 학생들은 기업에 입사 지원을 할 수 없는 규범화된 제재가 있기에 학생들은 토익 공부에 매진한다. 토익 시험은 학생들에게 효과적으로 침투하여 학생들을 훈육시키는 하나의 규율로서 작동한다.

토익이 고달픈 현실이기는 해도 웃고 넘어갈 수 있는 정도의 상황이지만, 폭력 조직이나 억압적인 규율 중심의 집단에 속한 사람들 상황은 단순한 문제가 아니다. 이러한 규율 중심적 체제와 집단 속에서 각 개인은 권력의 특유한 기술에 의해서 그 체제와 집단에 길들여지도록 제조되는 현실의 모습이 된다. 권력이 익명적, 기능적이 됨에 따라 권력의 영향하에 놓인 사람들은 예속화를 나타내는 표상이 되고, 권력의 주체에 객체화되어 기능적인 대상의 역할을 하게 되며, 또한 시험을 통해 지식의 대상이 되는 동시에 권력의 포획물이 된다. 여기서 시험은 권력과 지식이 서로 중첩되는 현상이기 때문에, 시험은 지식 습득에 대한 평가뿐만 아니라, 평가의 기본적인 요소로서 끊임없이 재가동되는 권력의 의식(儀式)에 따라 권력의 기반이 된다.

이러한 권력의 작용 속에서 푸코는 "권력은 생산한다"(『감시와 처벌』 302)라는 테제를 언술한다. 권력은 현실적인 것을 생산하고,

활용 가능한 대상과 지식의 요소로서 객체의 영역과 진실의 의식을 생산하는 것으로 볼 수 있다. 그럼 규율 중심적 사회에서 규율의 책략은 어떻게 위력을 효과적으로, 또한 광범위하게 발휘할 수 있을까?

감시

권력이 보이지 않게 각 개인을 객체화시키는 방법은 바로 감시이다. 푸코는 규율 중심적 체제에서 감시 혹은 감독의 기능은 끊임없이 작동되고, 감시의 눈길이 도처에 있다고 주장하면서, 그 체제에서의 개인을 다음과 같이 묘사한다.

> 폐쇄되고, 세분되고, 모든 면에서 감시받는 공간에서 개인들은 고정된 자리에서 꼼짝 못하고, 아무리 사소한 움직임이라도 통제되며, 모든 사건들이 기록되고, 끊임없는 기록 작업이 중심부와 주변부를 연결시키고, 권력은 끊임없는 위계질서의 형상으로 완벽하게 행사되고, 개인은 줄곧 기록되고, 검사되며, 생존자, 병자, 사망자로 구별된다. 이러한 모든 것이 규율 중심적 장치의 충실한 모형을 만든다.(『감시와 처벌』 306)

푸코는 권력에 대한 논의의 많은 부분에서 폭력보다는 오히려 인간의 교묘한 지능 작용, 전술, 전략에 대하여 논의하는데, 권력과 감시, 그리고 개인 간의 관계를 일망 감시시설인 파놉티콘(panopticon)을 통해 검토하면서 권력의 유치함과 비열함을 고발한다.

푸코가 설명하는 일망 감시장치는 봄-보임의 결합을 분리시키는 장치이다. 이것은 권력을 자동적인 것, 비인격적인 것으로 만들기 때문에 중요한 장치이다. 그 권력의 근원은 어떤 인격 속에 있는 것이 아니라, 신체, 외관, 빛, 시선 등의 구분 속에, 그리고 내적인 메커니즘이 만들어내는 관계 속에, 개개인들이 포착되는 그러한 장치 속에 존재한다. 일망 감시시설은 아주 다양한 욕망으로부터 권력의 동질적 효과를 만들어내는 경이로운 기계 장치이다.

푸코는 일망 감시시설에 대한 원리를 벤담(J. Bentham)으로부터 차용한다. 벤담의 일망 감시시설 형태는 다음과 같다. 중앙의 탑 속에 감시인을 한 명 배치하고, 각 독방 안에는 광인이나, 병자, 죄수, 노동자, 학생 등 누구든지 한 사람씩 감금할 수 있게 되어 있다. 역광선의 효과를 이용하여 주위 건물 독방 안에 있는 수감자의 윤곽이 정확하게 빛 속에 떠오르는 모습을 탑에서 파악할 수 있는 것이다. 그것은 완전히 개체화되고 항상 밖의 시선에 노출되어 있는, 한 사람의 배우가 연기하고 있는 수많은 작은 무대들이자 수많은 감방이다.

푸코의 일망 감시시설의 주요한 효과는 다음과 같다. 수감자는 권력의 자동적인 기능을 보장해주는 가시성의, 지속적이고 의식적인 상태로 이끌려 들어가고, 감시 작용이 중단되더라도 그 효과는 계속되도록 한다. 그 결과, 수감자는 자기 스스로 권력의 전달자가 되는 어떤 상황 속으로 편입되는 것이다. 이런 상황에서 권력은 가시적으로 확인할 수 없는 것이 되어야 한다는 벤담의 원칙이 준수된다. 그 주요한 효과를 다시 설명하면, 가시성의 영역에 예속되어 있고 또한 그 사실을 알고 있는 자는 스스로 권력이 강제력을 떠맡고, 자발적으로 자기 자신에게 작용하도록 한다. 스스로 예속화의 원칙을 따르게 되는 것이다. 이런 사실로 외부의 권력은 물리적인 특성을 제거할 수 있게 되고 점차 무형적으로 된다. 즉 비가시적으로 되는 것이다. 이런 식으로 일망 감시시설은 "실험을 행하고 행동을 변화시키며, 개인을 훈육하거나 재훈육하는 일종의 기계 장치로서 이용될 수 있다."(『감시와 처벌』 316)

이 일망 감시시설의 장치는 일종의 감시장치 역할을 한다. 그것은 실험을 행하고 행동을 변화시키며, 개인을 훈육하거나 재훈육하는 일종의 기계 장치로 이용될 수 있다. 관찰 메커니즘을 통해 그것은 감시당하는 사람에게 효율적으로, 그리고 광범위하게 침투해 들어가는 효과를 거둔다. 또한 그것은 명령과 규율을 준수하는 데 있어 강제권의 형식이자, 적용되고 반복되는 구속의 장치로 기능한다. 이런 의미로 사람들의 행동을 제약하는 감시장치는 "권력 실험실"(『감시와 처벌』 317)로 운용된다고 할 수 있다. 이 감시장치가 푸코의 일망 감시장치의 효과를 가짐은 물론이다.

일망 감시장치에서 다양한 관계 배치는 일망 감시도식이라 지칭된다. 일망 감시도식에서의 관계 배치는 "공간 속의 신체 배치, 개개인 상호 간의 비교분배, 위계질서적인 조직구성, 권력의 중심부와 전달부분의 배열, 그리고 권력의 도구와 관여 방식의 규정"(『감시와 처벌』 318) 등이 있고, 이 도식은 병원, 공장, 학교 그리고 감옥 등에서 이용될 수 있다.

이러한 일망 감시도식은 권력 기관의 힘을 강화시켜주는 역할을 하고, 물적, 인적, 시간적으로 "권력의 경제성"(『감시와 처벌』 319)을 확보해준다. 이 일망 감시도식은 토익 시험이나 입사지원에 관한 기업과 학생 간의 관계 속에서 포착되기도 한다. 토익 시험이나 입사지원의 일망 감시도식을 통해 기업들은 지원생들의 영어능력을 물적, 인적, 시간적으로 관리하면서 "권력의 경제성"을 확보한다. 또한 이 도식의 방어적 성격이나 지속적 기능, 그리고 자동적인 메커니즘에 의해서 권력이 효율적으로 작용하는 데 이바지한다. 이런 점에서 일망 감시도식은 권력을 획득하는 방식이고, 거대하면서도 새로운 통치수단이며, 적용되는 모든 제도에 큰 힘을 부여할 수 있다.

요컨대 일망 감시도식은 권력에 의해서 가동되는 여러 기능 속에 아주 교묘하게 스며들면서, 자신의 지배력을 강화시키는 동시에 그 기능의 효과를 증대시킨다. 이 도식 속에서 규율적인 조직은 자신을 드러내지 않은 채 감시당하는 사람들의 구속력을 강화할 뿐만 아니라 그들의 능력을 증진시키도록 권력을 행사할 수 있을 것이다. 능률을 증진시키기 위해 감시당하는 사람들의 구속력 강화와 그들의 능력 배가, 이 두 가지는 현대를 살아가는 모든 시민들이 어떤 조직이나 체계에서 감내하면서 경험하는 사항이다. 우리는 사회라는 거대한 일망 감시체제에서 살아가고 있는 것인가?

지식-권력과 생체-권력

일망 감시체제에서 중요한 것은 사회의 여러 역량을 강화시키는 일이다. 즉 생산을 증대시키고 경제를 발전시키며, 교육의 기회를 넓히고 공중도덕의 수준을 높이는 일이다. 또한 규율을 울타리 속에 묶어두지 않고, 사회 전체 속에 확산시키고, 다양한 가치로 기능할 수 있는가를 보여주는 일 또한 중요한 문제이다. 이러한 일망 감시의 구성은 기초적이면서 쉽게 옮길 수도 있는 메커니즘의 차원에서, 규율의 메커니즘이 구석구석까지 넘나들고 침투해 들어가는 사회의 기본적인 운용을 계획하는 것이다.

그런데 각 개인의 효용 가능성을 증진시킨다는 목적 아래 규율은 사회에서 중요하고 중심적이며 생산적인 부문에 정착하는 경향을 보이면서, 산업 생산이나 지식 전달, 능력과 자질의 보급, 전쟁기구 등 근본적으로 중요한 기능들의 몇 가지 부분과 연결된다. 규율의 방법들은 폐쇄적인 기관에서가 아니라 사회에 널리 퍼져 있는 여러 통제시설을 근거 삼아 확산된다.

규율을 효율적으로 적용할 수 있는 것이 푸코가 비판하는 감시의 개념이다. 푸코의 감시 개념은 사르트르적인 응시와 유사하다. 들뢰즈는 보여지는 것을 함의하는 사르트르적인 응시를 전제적 체제의 발현, 즉 편재하는 감시와 통제를 강요하고 모든 부분을 볼 수 있는 포괄적인 권력 구조로 간주한다. 사르트르적 응시와 푸코의 감시 개념은 공통적으로 권력 구조를 함의하고 있다고 하겠다. 푸코의 입장에서 이러한 권력 구조를 가진 장치는 경찰과 국가 등과 같은 규율 중심적 집단이다.

푸코에 의하면, 경찰 권력은 모든 것을 대상화해야 한다. 그것은 사소한 여러 가지 사건, 행동, 행위, 여론 등 발생하는 모든 일이다. 이 권력이 제대로 행사되려면, 지속적이고 철저하며 어디에나 있고, 또한 모든 것을 가시적으로 만들면서 자신은 보이지 않는, 그러한 감시수단을 감추어야 한다. 그 감시는 사회전체를 지각 대상으로 만드는 얼굴 없는 시선 혹은 응시와 같아야 한다. 또한 국가도 보호를 통해 국가의 영향력을 점층적으로 커지게 하면서, 사회생활의 모든 세부 사항과 모든 관계 속에서 그 영향력을 매일매일 점점 더 깊숙하게 개입할 수 있게 된다. 대다수의 군중을 동시에 감시하기 위한 건물의 건설과 배치를 큰 목표를 위해 이끌어가고 또 이것을 활용하면서 국가는 사회생활의 보호영역을 넓혀나간다.

살펴본 대로 규율과 감시는 보이지 않는 권력이 생산적으로 작동하는 데 필요한 요건들이다. 권력은 자기 모습을 내보이지 않으면서 모든 것을 보게 되는 일망 감시장치의 구조를 통해 각 개인을 감시하고 통제하는 방법을 완벽하게 실현할 수 있다. 푸코가 주장하듯이, 이러한 메커니즘 속에서 육체적으로 잔인하게 처벌하는 방법보다 감시하는 방법에 의존한 권력의 전략으로 인간의 육체는 규율에 길들여진다. 나아가 푸코의 규율과 감시, 그리고 권력의 관계는 지식-권력과 생체-권력에 수렴할 수 있다. 그럼 권력이 훈육적 주체를 만들기 위해 규율과 감시를 시행하고, 그러한 메커니즘 속에서 지식-권력과 생체-권력이 어떻게 형성되는지 알아보자.

먼저 지식-권력은 푸코의 중요한 기획인 동일자와 타자 사이의 경계 허물기로부터 전개될 수 있다. 분명 동일자와 타자 간의 경계선을 만들어내는 것은 동일자 자신이 갖고 있는 권력이다. 물론 광기와 이성에서 동일자는 이성이다. 이성은 자신이 그은 경계선이 정당함을 입증하기 위해, 그 경계선을 유지하는 사람들에게 직책을 주며, 그것을 위한 담론에 과학이란 이름을 제공한다. 가령 의사는 정신 병리학이라는 담론을 통해 주체로서 역할을 하고, 광인은 의사의 판단과 처리를 따라야 하는 대상 혹은 객체가 된다. 이런 의미로 과학이라는 정신 병리학 담론은 의사와 광인을 각각 주체와 대상으로 정의해주는 것이라고 할 수 있다. 정신 병리학 담론처럼, 주체와 대상은 담론 안에서, 담론에 의해서 정의된다.

또한 정신 병리학이라는 담론은 의사가 환자에게 취하는 모든 조치를 정당화해주고, 나아가 그런 조치를 강제로라도 집행할 수 있는 권력을 준다. 그러므로 담론, 즉 병리학이란 지식 안에는 권력이 있다고 말할 수 있고, 이 지식은 권력을, 그 권력의 행사를 정당화해준다. 역으로 지식 역시 자신의 정당성을 유지하기 위해 그러한 권력을 필요로 한다. 이러한 지식과 권력의 관계를 푸코는 지식-권력이라는 용어로 설명한다. 지식-권력은 새로운 형태의 구속을 전제하는데, 이는 사람들의 행동을 가시적으로 만들 뿐만 아니라 그들의 담화를 억제하기도 한다. 하지만 담론만으로는 이러한 권력을 유지할 수 없다. 담론의 이름으로 취할 수 있는 제도와 장치들이 없다면, 담론이 제공하는 권력은 무력하게 될 것이다. 가령 의사의 정신 병리학 담론은 병원이라는 제도적 장치가 있을 때 유효하다. 푸코는 제도적 장치의 예로서 감옥, 병원, 공장, 학교 등을 제시한다.

이런 의미에서 푸코는 장치를 통해 사유하는 철학자, 장치의 철학자라고 말한다. 그에게는 감옥도 가족도 병원도 국가도 하나의 장치로서 나타난다. 장치라는 용어는 무엇보다도 구성요소들이 배치된 결과이다. 여기서 푸코가 말하는 장치는 다분히 "유동적이고 역동적인 무대와 같은 공간적 개념이다."(『성의 역사 1-앎의 의지』 14) 장치는 진실게임과 권력게임이 벌어지는 무대와 같은 것이다. 푸코의 장치는 담론, 앎, 권력의 미묘한 조직망이라고 볼 수 있다. 연극의 무대에서 대사가 이어지듯이, 장치는 담론을 산출한다. 예를 들면 성의 장치에서는 섹스에 관한 담론화가 이루어지고 정신분석가, 정신의학자, 범죄자, 성도착자, 재판관, 가족구성원, 학생, 선생 등이 등장하여 서로 권력 관계를 맺는다. 이러한 권력 관계는 장치를 구성하는 또 하나의 선이다. 이 장치-무대에서는 주체화의 과정이 연출되고 주체성이 산출된다. 이와 같은 가시성, 언술, 권력 관계, 주체화가 장치 안에서 교차되고 뒤섞이면서 역사의 무대에서 어떤 결과에 이르는 규칙들의 집합에 따라 진실과 권력이 벌어지는 것이다.

한편 푸코는 감시와 처벌의 역사를 통해 생체-권력에 접근한다. 17세기부터 생명에 대한 권력의 조직화는 육체의 규율과 인구조절이라는 두 가지 극을 중심으로 전개된다. 규율의 측면에서 생체-권력은 군대나 학교 같은 제도이고, 전술에 관한, 수련에 관한, 교육에 관한, 사회 질서에 관한 성찰이며, 정치적 꿈으로 나아간다. 인구조절의 측면에서 생체 권력은 인구통계학이고, 자원과 주민 사이의 관계에 대한 추정, 부와 부의 유통, 생명과 예견할 수 있는 수명의 도표화이다. 사실상 이 두 가지 권력 기법의 긴밀한 연결은 사변적 담론의 차원에서가 아니라, 19세기에 커다란 권력 기술체계를 구성하게 되는 구체적 배치의 형태 속에서 이루어지게 된다. 가령 성의 장치는 그러한 배치의 하나, 그것도 가장 중요한 배치의 하나가 된다. 이제 권력은 살해의 위협을 통해서라기보다는 오히려 생명을 떠맡음으로써 육체에까지 미치게 된다.

또한 생체-권력은 처벌의 역사를 통해 그 의미를 파악할 수 있다. 원래 처벌의 역사에서 지배적이던 것은 공개적인 끔찍한 처형이었다. 이는 사람들에게 강렬한 공포를 불러일으킴으로써 범죄나 모반을 막으려는 일종의 보복이었다. 그러나 보복은 인도주의 측면에서 훈육으로 바뀐다. 여기서 죄를 범한 사람들은 행형과 훈육의 새로운 대상으로 떠오르게 된다. 나아가 이들의 신체 운용에 대한 면밀한 통제를 가능하게 하고, 신체를 항상적으로 속박할 수 있으며, 효율적인 순종을 강제할 수 있는 방법으로서 감시가 발전한다. 더불어 시간표, 행동에 대한 시간의 작성, 신체와 동작의 상관화, 시간의 철저한 이용, 시험, 객체로서 신체의 유기적 연결 등등 다양한 훈육의 기술이 발전한다. 푸코는 순종적인 신체를 만들기 위해 활동의 통제로서 이 다섯 가지를 제시한다.

이러한 통제와 훈육의 기술은 감옥 이외에 학교와 군대, 공장에서 개인을 길들이고 통제하는 하나의 모델이 된다. 이를 통해 권력은 직접적으로 신체에 작용하는 권력이 된다. 이처럼 신체에 직접 작용하고 신체에 새겨지는 권력을 푸코는 "생체-권력"이라고 한다.

생체-권력에서 중요한 점은 그것이 사회적으로 요구되는 책임 있는 주체, 법적인 주체를 만들어내는 기술이자 기능이라는 것이다. 다시 말해 학교, 공장, 감옥, 군대 등에서 생체-권력을 통해 각 개인은 사회적으로 받아들여질 수 있는 주체가 된다는 것이다.

푸코가 감시와 처벌을 통해 강조하는 바는 "지배의 형식"과, 변환하는 "권력의 전략"이다. 이 권력의 전략, 즉 일망 감시장치의 구조와 같은 감시체제로 현대사회의 인간은 합리적인 예속화의 길로 빠져들고 있지 않는가? 개인은 원자처럼 분리되었고, 타자와의 연결은 파괴되었으며, 공동체의 연대의식이 분열되어온 역사적 과정은 바로 권력에 의한 주체의 객체화 과정과 맥을 같이한다. 근대 국가는 개인을 무시하지 않고, 그런 점에서 오히려 끊임없이 사회에 능률적으로 공헌하는 개인을 생산한다. 경쟁 체제 속에서 살아남기 위해 우리는 다른 사람을 이기지 못하면 이 체제 내에서 살아남을 수 없다. 그래서 각 개인은 분리되면서 타자와의 연결은 파괴되며 공동체는 자신의 이익을 위한 파벌로서 자리매김한다.

이러한 사회와 국가에서는 푸코의 말처럼 "필요한 일은 중앙의 탑에 감독자를 배치하고 각 방에 광인, 환자, 유죄선고 받은 사람, 노동자 혹은 학생들을 가두어놓는 일"(『감시와 처벌』 14)일 것이다. 다양한 장소에서 많은 사람을 규율로 강제하고 효율적으로 감시하는 권력체제가 강화됨으로써 인간의 능동적인 주체성의 입지는 계속 약화될 수밖에 없는 듯하다.

푸코가 지속적으로 주장하는 바대로, 현대사회는 "감시의 사회"

(『감시와 처벌』 333)이다. 그는 우리의 신체가 다양한 이미지의 허울 속에서 심층적인 공격 대상이 된다고 한다. "효율적인 경제성을 성취할 목적으로 유용한 힘을 얻기 위한 정밀하고 구체적인 훈육이 계속되고, 정보 소통의 경로는 지식을 축적하고 집중화하는 중심적 근거가 되며, 기호들의 작용은 권력이 어느 곳에 닻을 내려야 하는지를 규정한다."(『감시와 처벌』 333) 푸코의 지적처럼, 보이지 않는 권력의 전략이 시행되는 사회 체제 속에서 힘과 신체에 관한 전술을 통해 우리는 세밀한 의도로 만들어지는 주체가 아닐까? 지식-권력과 생체-권력의 작동 속에서 우리는 권력의 자기장에 포위된 채, 아니 사회적으로 성공하기 위해 스스로가 권력의 자기장에 포획되길 바라면서 살아가고 있는 것은 아닐까?

7.
들뢰즈와 푸코의 권력 이미지

인간에 대한 권력의 지배와 억압은 시간과 공간에 따라서 다양하게 변화하고 다원화되었다. 하지만 지배와 피지배의 구조 속에서 권력이 통치화를 목적으로 순종과 복종, 그리고 예속을 강조하는 측면은 지속적으로 근대 사회에 뿌리내리며 보이지 않게 강화되고 있다. 만일 근대 권력이 획일적인 담론들과 제도들을 규준화하여 오직 동질성만을 추구한다면, 근대 주체의 다양하고 상이한 존재 방식은 상실되어 일률적이고 비자발적인 주체만을 양산할 가능성이 농후하다. 그렇다고 해서 지배와 피지배의 관계를 억압과 해방의 측면에서 인식하여 그 구조적 관계를 전복하는 것만을 목표로 한다면, 현 사회에서 볼 수 있듯 극도의 폭력으로 인한 혼란과 분열, 끊임없는 권력 투쟁과 갈등만을 재생산할 뿐, 상호 보완을 통한 상생의 길은 배제되거나 등한시될 것이다.

들뢰즈와 푸코는 근대 권력의 부정적인 특징인 예속화와 통치화에 대항하고 해체하는 새로운 비판적 권력 담론을 소개한다. 이들은 규율적이고 압제적인 지배와 억압에서 벗어나 생성적 삶과 사유를 실천하는 사유의 방식을 자신들의 철학 속에 구현한다. 이들은 공통적으로 지배자의 폭력과 설득을 용이하게 하거나 지배자의 입장을 대변하는 삶과 사유의 형식에 저항하며, 긍정적이고 생성적인 사유를 구체화했다.

들뢰즈는 서양의 전통적이고 근대적인 형이상학의 모체가 되었던 기원에 대한 욕망 혹은 초월성을 부정하고, 내재성을 중시하며 노마디즘을 강조한다. 억압적이고 위계적인 재현이 아니라 창조성과 실험으로서의 들뢰즈의 사유의 철학 혹은 사유의 이미지는 리좀적인 탈중심화된 양식과 관련이 있다. 탈중심화되고 비계층적이며 수평적인 다양성 속에서, 어떤 요소도 다른 요소들과 연결될 수 있는 리좀은 이질적 요소들의 공존과 결합을 통한 무한한 창조적 가능성을 암시하는 개념이다. 들뢰즈의 사유는 다양한 입구와 출구와 그 자체의 탈주선을 가지는 지도를 구성하고, 현실 속에서 접속을 통한 실험으로서의 지속적인 변이를 강조한다. 이는 살펴본 대로 긍정적이고 창의적인 탈영토화를 추구하며, 욕망과 무의식을 억압하는 권력을 탈주하는 것과 암적인 파시즘의 분열적인 흐름을 전복시키는 것을 목적으로 한다.

들뢰즈와 유사하게, 푸코는 근대적 합리주의를 반대하며 동일자와 타자 사이의 경계를 허물어 근대적인 문제설정 자체를 넘어서려고 한다. 푸코의 근원주의에 대한 비판은 그의 사상 전반에 드러나는데, 푸코는 이러한 비판을 각기 다른 세 가지 방법으로 분석한다. 푸코 사상의 세 가지 시기는, 지식이 담론적으로 구성되는 구조적 원리를 다루는 고고학적 단계, 지식과 권력의 긴밀한 유착관계를 분석하여 권력이 어떻게 작동하는지를 보여주는 계보학적 단계, 마지막으로 개인이 쾌락의 활용과 자아 배려의 기술을 통한 윤리적 주체의 형성을 집중적으로 분석하는 윤리적 단계로 구분된다. 이 세 구분은 각각 지식과 담론, 권력(특히 지식-권력과 생체-권력), 주체화로 집약될 수 있다.

이러한 연구를 통해 탐지할 수 있는 푸코의 가장 중요한 기획은 동일자와 타자 사이의 경계를 허무는 것이다. 먼저 고고학이라고 대변되는 첫 번째는 『광기의 역사』(*History of Madness*)에서 출발하여 『말과 사물』(*The Other of Thing*)을 통해 『지식의 고고학』(*The Archaeology of Knowledge*)에 이르는 시기이다. 이 시기에 푸코는 정신병리학, 생리학, 언어학 등 다양한 지식을 둘러싼 관계들의 역사를 연구한다. 특히 그 당시나 현재, 진리 혹은 과학이라고 평가되는 지식에 의해 가려진 침묵의 소리를 듣고, 그 소리가 어떻게 해서 침묵 속에 갇히게 되었나를 연구한다. 침묵하는 소리의 흔적이 남아 있는 문학이나 미술 등 다양한 유물을 통해 과학이나 역사책에 나오지 않는 잊혀진 과거를 드러내려고 한다는 점에서 푸코는 자신의 작업을 고고학이라고 한다. 계보학적 단계로 요약되는 두 번째는 『감시와 처벌』과 『성의 역사 1』(*The History of Sexuality 1*)을 집필한 시기이다. 『감시와 처벌』에서 형벌과 감옥의 역사를 통해, 『성의 역사 1』에서 성이나 성욕에 관한 담론과 장치들을 통해 그것들 이면에서 작동하고 있는 권력을 드러내고, 그 권력의 효과를 분석한다. 셋째는 『성의 역사 2』(*The History of Sexuality 2*)와 『성의 역사 3』(*The History of Sexuality 3*)에 집약되는 시기이다. 이 시기에는 권력과 자아의 관계가 중요한 문제가 된다. 예컨대 쾌락의 활용을 통해 어떻게 자아가 구성되는지를, 양생술 같은 자기 배려의 기술을 통해 어떻게 자아가 구성되는지를 연구한다.

이러한 푸코의 세 가지 연구 주제, 즉 지식과 담론, 권력, 주체화를, 들뢰즈는 특히 『천 개의 고원』과 『푸코』(*Foucault*)에서 때로는 상세하게 때로는 함축적으로 논의한다. 이 책들을 전체적으로 따라가다 보면 푸코가 일생을 통해 연구한 지식과 담론, 권력, 그리고 주체화의 관점과 매우 유사한 점들을 발견할 수 있다. 특히 두 철학가의 사상에서 밀접한 근친성을 갖는 것이 바로 권력 개념이다. 여러 저서에서 밝히듯이, 들뢰즈는 욕망과 무의식을 제한하는 규준화의 담론과 제도를 해체하려고 한다. 이는 들뢰즈의 창조성의 정치학과 관련이 있다. 이 창조성의 정치학은 푸코의 지식과 담론, 권력, 그리고 주체화와 유사한 점을 갖는다.

그럼 푸코의 연구가 들뢰즈 철학과 어떤 상호 연관성이 있는가? 그리고 들뢰즈가 푸코의 권력 개념을 활용하여 어떻게 자신의 사유를 한층 더 강화시킬까?

푸코의 담론과 권력, 그리고 들뢰즈의 화용론

푸코의 사상 전반을 특징짓는 가장 커다란 기획은 정상과 비정상, 동일자와 타자, 내부와 외부 사이에 만들어진 경계를 허무는 것이다. 예컨대 과학이라고 간주된 것과 비과학이라고 비난받는 것 사이의 경계, 정상인과 아직 정상인이 아닌 자들 사이를 가르는 경계, 이성과 비이성을 가르는 경계, 혹은 이성의 내부와 외부를 가르는 경계가 그것이다. 요컨대, 내부이자 정상과 동일시될 수 있는 동일자와 거기에 동일시될 수 없기에 배제되어야 할 타자 사이를 가르는 경계를 푸코는 허물려고 하는 것이다.

푸코는 정상인과 광인 사이의 경계가 과학과 진리가 보증해주는 확실한 것이 결코 아님을 보여준다. 그리고 경계를 허묾으로써 동일자의 외부, 정상인의 외부에 대해 사유한다. 그리하여 푸코는 동일자에 의해 어둠 속에 갇혀버린 침묵의 소리, 즉 광인의 목소리, 타자의 목소리를 끄집어내려고 한다. 다시 말해, 경계를 허무는 작업을 통해 푸코는 기존의 동일자에 가려서 보이지 않던 영역, 비정상과 동일시되던 외부이기에 생각할 가치도 없다고 간주하던 영역을 다시 사고할 수 있도록 해준다. 푸코는 이러한 경계 허물기를 두 가지 방법으로 접근한다. 첫째는 기존에 정상적이라고 간주되던 것이 얼마나 일관되지 못하고 불안정한가를 보여주는 것이고, 둘째는 동일자에 의해 배제된 타자, 그리하여 강요된 침묵 속에 갇혀버린 타자의 목소리를 끄집어내는 것이다. 전자는 『광기의 역사』에서, 후자는 『말과 사물』에서 다룬다.

푸코는 『광기의 역사』에서 르네상스 시대, 고전주의 시대, 근대라는 세 시기로 나누어 광기가 어떻게 해서 정상 사회에서 배제되고 감금되며 결국은 치료되어야 할 질병이 되었는가를 보여준다. 이런 역사적 과정을 통해 푸코는 인간의 내면에 들어 있는 어떤 특징으로 간주되던, 혹은 유별난 행동과 사고방식을 가진 사람들의 특징이던 광기가 위험을 방지하기 위해 가둬두어야 할 대상, 치료되어야 할 대상으로 간주되어 배제되는 점을 살펴본다. 푸코에 의하면,

정신의학이란 광기를 배제함으로써 정상인의 사회를 테두리 짓고 정의하려 했던 역사적 과정의 산물이며, 비정상정인 사람들을 다루는 기술을 체계화한 것이다. 또한 정신의학의 이미지의 기능은 너무나 오랫동안 오직 맹목적으로 받아들여졌던 진실을 토대로 마침내 광기가 인정되고 치료되는 시대를 예증하는 것이다.

푸코는 이렇게 하나의 담론으로서 정신의학의 권력적 측면을 고발한다. 즉 정신의학은 진리나 과학이라고 할 어떤 특징도 사실상 결여하고 있다는 것이다. 그런데 푸코의 광기의 역사에서 중요한 점은, 특정한 시기에 무엇이 광기 혹은 이성으로 여겨지고, 어떤 행동이 정신병적인 행동이나 정상적 행동으로 여겨지는지를 질문하기보다는, 이런 구별이 어떻게 작동하고 있는지를 묻는다는 점이다. 물론 이는 정신의학이라는 하나의 담론이 권력으로서 작동하는 것과 관계가 있다.

더불어 푸코는 동일자의 역사를 다루는 『말과 사물』에서, 사물들의 관계를 파악하는 전혀 상이한 사고방식들이 있음을 보여준다. 이는 사물의 질서를 파악하고 그 속에서 사물에 대해 판단하는 상이한 방식들이 있다는 것을 의미한다. 간단히 말해, 역사적 시대마다 그 시대의 담론을 일정한 방향으로 틀을 짓는 시대 고유의 무의식적 조건이 있다는 것이다. 푸코는 이렇게 특정한 방식으로 사물에 질서를 부여하는 무의식적 조건을 에피스테메(인식틀)라고 한다. 에피스테메는 배후에 존재하는 거대 이론이 아니라 확산의 공간이며, 무한수의 설명이 가능한 관계의 영역이다. 다시 말해 그것은 한 시대 모든 지식의 총합이 아니라 특정 시대에 생산된 지식과 새로운 지식이 생성되는 원칙 사이의 복잡한 일련의 관계를 지칭한다. 이런 맥락에서 푸코는 "지식의 실증적 무의식(*The Other of Things*, xi)"을 밝히면서, 즉 서로 상이한 사고의 무의식적 기초가 어떻게 변화되어왔는가를 보여줌으로써, 현재 권력의 작동으로서 무언가를 포섭하고 무언가를 배제하는 선을 긋고 있는(혹은 경계를 나누는) 이성이라는 것이 절대적인 동일자 혹은 절대적인 진리가 아니고, 나아가 이성과 비이성의 경계가 역사적으로 달라질 수 있음을 주장한다.

푸코는 『광기의 역사』와 『말과 사물』에서 전개되었던 이러한 고고학적 탐구의 방법론적 기초를 『지식의 고고학』에서 논의하고 있다. 그는 『지식의 고고학』에서 언표와 담론의 불확정적인 특징을 논의하면서, 하나의 권력으로 작동하는 시대를 초월하는 보편적 진리는 따로 있는 것이 아니라 시대 고유의 담론에 의해 구성된다고 주장한다. 즉 시대에 따라 언표나 담론이 달라진다는 것이다. 이런 의미로 언표는 "구조들의 그리고 가능한 단위들의 영역을 가로지르는, 그것들을 그 구체적 내용들과 함께 시간과 공간 속에 나타나는 하나의 기능"(『지식의 고고학』 129)으로서 역할을 한다. 따라서 그것은 "기호들의 집합들을 존재하게 하는 것, 그리고 이 규칙들 또는 형태들이 현실화될 수 있도록 하는 것이다."(『지식의 고고학』 129) 결국 언표라는 것은 어떤 분석수준에 있어서 지표화가 가능한 한 단위이기보다는, "다양한 단위들과의 관계하에서 수직적으로 기능하는, 그리고 일련의 기호들에 관하여, 그들이 거기에 현존하는가의 여부를 말할 수 있도록 해주는 하나의 기능인 것이다."(『지식의 고고학』 128-129) 푸코는 이러한 언표 개념이 하나의 담론으로서 역할을 할 수 있다고 본다.

푸코에 의하면, 하나의 언표가 정의되는 것은 그 자신이 관련되는 다른 어떤 것의 특수한 관계에 의해서이다. 즉 언표는 결코 자신의 의미 혹은 요소들에 의해 정의되지 않고, 마치 불확정성의 지대와 같은 특이성들이 순수하게 나타나는 것이다. 이 특이성은 자신을 결합시켜주는 언표에 의해 한정되거나 특수화되는 잠재태의 현실화의 속성을 지닌다. 여기서 푸코가 강조하는 문제는 언표가 전제하는 특이성이 무엇으로 구성되어 있는가를 아는 것인데, 푸코는 이를 권력과 지식의 결합으로 파악할 수 있음을 지적한다. 여기서 언표는 말과 사물의 종합, 혹은 문장과 명제의 혼합과는 거리가 멀다. 또한 언표는 문법적 · 논리적 혹은 의미론적 분석에 한정될 필요가 없다. 오히려 반대로 언표는 자신을 암묵적으로 전제하는 문장 혹은 명제에 선행하면서 말과 사물을 형성시킨다.

그러므로 언어라는 것은 발화자 개인이 의식적으로 선택하여 구사하는 것이 아니라, 현실적 제도를 통해 사회적으로 실천되는 것을 의미한다. 예컨대 병원, 감옥, 학교 등 제도 영역에서 의사와 환자, 간수와 죄수, 교수와 학생 간에 의학과 정신병리학, 행형법, 교육학과 심리학 등의 제도화된 언어를 통해 질병과 건강 그리고 정상과 광기, 일탈행동과 정상행동, 진리와 오류 등을 구별하는 기준이 구성된다. 푸코는 이러한 언어, 즉 구체적 현실에 관하여 제도적으로 실천되는 언어를 담론이라고 한다.

푸코의 담론은 다음과 같은 특성을 갖는다. 첫째, 정치 · 경제 · 종교 · 교육 · 언론 · 윤리 등 사회를 이루는 모든 영역의 제도와 그 실천은 각 영역 고유의 담론에 의해 구성된다. 둘째, 담론은 선택과 배제의 힘을 발휘한다. 담론은 말할 수 있는 것과 없는 것, 특정 주제에 관해 말할 수 있는 사람과 없는 사람, 진리와 허위 등을 구분하는 규칙의 체계이므로 담론을 통해서 권력이 작용한다. 그러나 이러한 권력의지를 은폐하고 항상 진리성을 표방하는 것이 담론의 특징이다. 셋째, 담론이 등장하는 곳은 어디서나 그 담론에 의해 선택된 자와 배제된 자들 사이의 대립과 투쟁이 나타난다. 넷째, 담론은 시대에 따라 달라진다. 즉, 담론은 시대에 따라 달라지고, 진리가 무엇인가라는 규정도 시대에 따라 달라진다. 주지해야 할 점은 이러한 언표와 담론이 하나의 권력 체계가 될 수 있다는 것이다. 푸코는 이런 점을 푸코의 『임상의학의 탄생』(*The Birth of the Clinic*)의 서론 부분에서 밝힌다.

> 내 진정한 의도는 빼곡히 들어찬, 그리하여 그것이 어떤 존재론적인 기반을 갖고 있는지 한 번도 의심해보지 못한 담론 구성의 골격 사이로 임상의학이 어떻게 자신의 자리를 마련할 수 있었는지를 역사적으로 탐구해보자는 것이다. 언어적 표상과 대상의 관계 속에서 가장 중요한 대목은 사물 위에 혹은 사물을 넘어서 인간이 진정으로 무엇을 말하려고 했느냐 하는 발화 주체의 의도를 찾는 것이 아니라, 언어가 사물을 포착하려는 순간부터 그 대상을 마음대로 주무르려고 하는 언어의 음흉한 계략, 즉 끊임없이 새로운 담론 속으로 끌어들여 대상을 변절시키려 하는 언어적 횡포다.(27)

그런데 이러한 언표와 담론의 권력은 여러 대상을 교묘한 방식으로 객체화함으로써 보이지 않는 권력으로 존재할 수 있다. 이 권력이 제대로 행사되려면, 지속적이고 철저하며 어디에나 있고, 또한 모든 것을 가시적으로 만들면서 자신은 보이지 않는, 그러한 감시 수단을 갖추어야 한다. 그 감시는 사회전체를 지각 대상으로 만드는 얼굴 없는 시선과 같아야 한다. 보이지 않는 권력으로 인해 주체는 가시적인 억압이 아니라 비가시적인 억압을 통해 지식과 제도에 무의식적으로 순응하는 훈육적 주체가 된다. 이렇게 언표를 이용하여 행위의 총체로서 담론을 구성하는 체계는 수동적이고 훈육적인 주체를 끊임없이 생산함으로써 억압적 성격을 지닐 수 있게 된다. 간단히 말해 훈육적 주체를 생산하기 위해 활용되는 것이 언표와 담론의 권력이다.

푸코의 이러한 견해를 들뢰즈는 언어학의 화용론적 관점을 통해 더욱 강화하며, 나아가 언표와 담론의 권력적인 측면을 더욱더 강조한다. 들뢰즈는 푸코의 관점을 더욱 명확히 하며 언어의 기초단위인 언표는 명령어라고한다. 1장에서 살펴본 대로, 들뢰즈는 언어 활동 속에서 언표가 언제나 말하는 사람이 듣는 사람에게 무엇을 어떻게 해달라고 하는 일종의 명령이 실려 있는 것이라 보았다. 가령, 건설현장에서 쓰는 "석판"이라는 말에는 "이것이 석판이다"가 아니라, "석판을 줘"나 "석판을 치워" 또는 "이걸 달라고 할 때 석판이라고 말해" 등과 같은 명령이 담겨 있으며, 그것이 바로 그 말의 실질적 의미라는 것이다. 즉 "우리는 일꾼들에게 삽과 곡괭이를 주는 것처럼 아이들에게 언어활동과 펜과 노트를 준다."(*TP* 76) 이는 푸코가 제시하는 언표의 네 가지 기능 중 첫 번째 기능, 즉 언표는 그것이 고유명사로 환원되는 경우에 있어서조차도, "이름이 그것이 지시하는 것과 또는 의미하는 것과 가지는 관계와 동일한 관계를 가지지 않는다"(『지식의 고고학』 131)는 접근과 일치하는 점이다.* 이러한 언표는 "구조(즉 가변적인 요소들 사이의, 아마도 무한히 많을 구체적인 모델을 승인하는 관계의 집합)가 아니다."(『지식의 고고학』 129) 이런 입장에서 들뢰즈는 언표가 일반적인 의미화와 통사론에 귀속되지 않으며, "명령은 사전(事前)에 만들어진 의미작용이나 조직화와 관련되지 않는다"(*TP* 76)라고 말한다.

그런데 여기서 중요한 점은 말이든 글이든 혹은 일정한 침묵이든 모두 언표행위의 배치 속에 있다는 것이다. 그 배치 속에서 언표는 나름의 의미를 획득한다. 들뢰즈가 앞에서 언급한 푸코의 언표 개념을 화용론적인 것으로 보는 것도 이런 의미에서이다.

> 만일 언표가 단어, 문장 혹은 명제로부터 구분된다면, 그것은 언표가 자신 안에 마치 어떤 파생물들처럼 주체, 대상, 개념의 기능을 포함하고 있기 때문이다. 엄밀히 말해서, 주체, 대상, 개념이란 단지 원초적인 것 혹은 언표의 파생적 기능에 불과하다. 따라

* 푸코는 언표의 네 기능을 『지식의 고고학』에서 논의한다. 언표의 두 번째 기능은 언표의 주체가 실제적으로나 기능적으로나 언어표현의 저자와 구분된다는 것이고, 세 번째 기능은 언표와 연결되어 있는 어떤 영역의 존재 없이 실행될 수 없다는 것이며, 마지막으로 언표는 물질적 실재를 지녀야 한다는 것이다(135-147).

> 서 상관적 공간이란 하나의 언표 가족 내에서의 주체, 대상, 개념이 점유하는 입장들 혹은 배치들로 구성되는 담론적 질서이다. 이 다양한 배치들은 특이점들을 표상한다. 따라서 내재적 상수와 외재적 변수에 의해 진행되는 단어, 문장, 명제의 체계는 고유한 변이 및 내재적 변수에 의해 진행되는 언표들의 다수성에 반하는 것이다. 이제 단어, 문장, 명제의 관점에서는 하나의 우연으로 간주되던 것이 언표의 관점에서 규칙이 된다. 푸코는 이렇게 해서 하나의 새로운 화용론을 기초짓는다.(*Foucault* 9)

들뢰즈는 이렇게 명령어를 함축하고 있는 언표의 화용론적인 특징 속에서, 언표와 행동 사이의 암묵적 전제를 강조한다. 그가 지적하듯이, 명령어란 "암묵적 전제에 대해 모든 말이나 언표가 갖는 관계, 다시 말해 언표를 통해 이루어지거나 그것을 통해서만 이루어질 수 있는 화행에 대해 말이나 언표가 갖는 관계"(*TP* 79)이고, 명령을 함의한 채 직접적인 단어들에 실려 간접적인 방식으로 표현되고 전달되는 것이다. 언표와 행동의 관계 속에서 이러한 명령어는 직설법을 써서 행동을 기술하거나 명령법을 써서 지시할 수 있게 해주는 다양한 외적 관계만이 존재하는 것이 아니라, 내적 관계도 존재하는데, 그것은 그 행동에 대해 말함으로써 완수된다. 그런데 들뢰즈가 언급하는 명령어는 직접적으로 지시하여 외적인 행동으로 귀착되는 명시적 언표의 특수한 범주가 아니라, 사회적 강제에 의해 언표에 연계되는 모든 행위에 관계된 것이다. 암묵적 전제 속에서 언어활동이 특정한 행동을 요구하거나 명령한다는 점에서,

명령은 바로 낱말 그 자체를 언표행위로 만드는 변수라고 할 수 있다. 따라서 언어활동 속에서 언어는 주어진 순간에 한 언어 안에서 통용되는 명령어들, 암묵적 전제들과 화행들의 집합으로 정의될 수 있다.

화용론적인 관점에서 언어의 권력 문제를 다루는 들뢰즈의 언어의 정치학은 통일성을 추구한다고 볼 수 있다. "하나의 민족, 하나의 국민으로서 통일성을 형성하는 데 필수적인 것 가운데 하나가 바로 언어"(『노마디즘 1』 318)라는 것이다. 다양한 지역의 다양한 언어를 하나의 국민적 언어로 통합하고 통일해야 한다는 요구는 바로 이런 의미에서다. 들뢰즈에 따르면, 언어의 통일성은 무엇보다도 정치적이다. "모국어는 없으며, 때로는 넓은 전면에 나섰다가 때로는 다양한 중심으로 동시에 달려드는, 지배적 언어를 통한 권력의 장악이 있다."(*TP* 101) 언어의 통일성이 정치적이라는 것은 언어가 통일성을 형성하기 위해 정치적 권력이 개입된다는 사실을 함의할 뿐만 아니라, 지배적 언어가 다른 언어들을 통합하여 위계적 질서를 만든다는 사실이다.

그 결과 표준어의 지위를 획득한 지배적 언어는 문법과 연계되어 언어활동의 상수와 모델이 된다. 가령, 공용어로서 영어라는 범주가 영어가 아닌 말을 소외시키면서 영어의 우위가 드러난다. 마찬가지로 영어의 사용을 통해 소수 언어를 불필요한 것으로 인식하는 담론-권력이 형성된다. 이러한 들뢰즈의 접근, 즉 언어가 하나의 담론으로서 역할을 하여 권력적 언어가 될 수 있다는 접근은 푸코의 담론과 지식이 하나의 권력으로서 작동할 수 있다는 주장과 맥을 같이한다. 두 사상가의 이러한 주장은 공통적으로 언어학의 화용론적 접근으로 전개됨을 알 수 있다. 물론 이 담론-권력은 시대 고유의 담론에 의해 구성된다는 푸코의 에피스테메 개념과 외부와의 접속과 주름을 통해 속성이 달라질 수 있다는 들뢰즈의 배치 개념과 같이 시대를 초월하는 보편적 진리로서의 권력이 아니라는 점을 명심해야 할 것이다.

푸코의 권력과 들뢰즈의 미시물리학

푸코 사상의 두 번째 시기는 계보학이라고 요약되는데, 계보학이란 동일자가 경계선을 긋고 유지하기 위해 작동시키는 권력의 존재를 드러내고 그것이 미치는 효과에 대해 분석한다. 이는 경계선이 만들어진 역사를 추적하고 침묵의 소리를 들으려는 고고학적 시도와 구분되는 것이지만, 경계선을 찾아내고 허물려는 푸코의 전체적 기획에서 보면 일관된 것이며, 고고학적 시도를 보충하는 것이기도 하다. 특히 이 시기에서 푸코는 『감시와 처벌』에서처럼 형벌과 감옥의 역사를 통해, 『성의 역사 1』에서처럼 성이나 성에 관한 담론과 장치들을 통해 그것들 이면에서 작동하고 있는 권력을 드러내고 그 권력의 효과를 분석한다.

이러한 푸코의 계보학적 연구는 고고학적 연구의 연속선상에서 담론 생성의 물질적 조건, 즉 구체적 제도에 착안하여 지식과 권력의 유착관계를 분석한다. 가령 의학적 담론은 병원이라는 구체적 제도를 통해, 법률적 담론은 감옥이라는 구체적 제도를 통해, 교육적 담론은 학교라는 구체적 제도를 통해 실질적 권력을 행사할 수 있기 때문에 지식과 권력은 결코 분리될 수 없는 긴밀한 상호관계가 있다. 요컨대 제도에 각인된 권력 관계의 맥락에서 배제하고 감금하며 끊임없이 감시하는 기술과 실천을 통해서 지식이 형성되면서도, 지식은 새로운 권력을 생산하고 이를 더욱 정교화하고 확산시킨다. 이와 같은 지식과 권력의 구조적 유착관계를 강조하기 위해 푸코는 지식과 권력을 지식-권력 혹은 권력-지식으로 붙여 쓰기도 한다.

일반적으로 담론은 담화된 언표들의 전체를 이야기하지만, 담론의 기저에는 담론을 구성하게 하는 권력이 자리하고 있다는 것이다. 다시 말해, 담론 자체가 이미 하나의 권력 체계인 것이다. "담론이 말해주는 것의 기본적 특징을 결정하는 것은 담론의 구조, 내가 뜻하는 바로는 담론의 고유한 기술체계, 담론의 작동에 필요한 요소, 담론이 이용하는 책략, 담론의 기반이 되고 담론이 전달하는 권력 효과이다."(『성의 역사 1』 91) 그런데 권력의 구체적인 작동 방법은 규율을 통해 나타난다. 규율을 통해 이제 주체는 제한된 행위를 할 수밖에 없게 된다. 그 결과 인간은 자율적인 주체라기보다는 지식-권력과 연계되어 만들어지고 유통되는 담론을 실천하는 산물이 된다. 지식-권력은 새로운 형태의 구속을 전제하는데, 이는 사람들의 행동을 가시적으로 만들 뿐만 아니라 그들의 담론을 억제하기도 하는 역할을 한다. 하지만 담론만으로는 이러한 권력을 유지할 수 없다. 즉 담론의 이름으로 취할 수 있는 제도와 장치들이 없다면, 담론이 제공하는 권력은 무력하게 될 것이다. 푸코는 제도적 장치의 예로서 감옥, 병원, 공장, 학교 등을 제시한다.

이렇듯 푸코가 말하는 권력 체계는 제도와 장치를 통해 담론을 구성한다. 그로 인해 담론은 지식으로 구체화된다. 푸코에게서 권력은 인간주체의 하부구조를 이루는 것이기에, 그러한 담론(혹은 언표들)은 무의식적으로 주체의 신체를 속박한다. 푸코는 이에 대한 연구를 『감시와 처벌』과 『성의 역사 1』을 통해 이야기한다. 그는 권력과 결탁하는 지식은 하나의 권력, 즉 지식-권력으로 존재할 뿐만 아니라, 직접적으로 신체에 작용하는 권력, 즉 신체에 직접 작용하고 신체에 새겨지는 생체-권력으로 존재한다고 주장한다. 따라서 권력이 작동하는 언표 혹은 담론은 지식-권력과 생체-권력을 생산하고, 제도화된 언표와 담론 속에서 주체들은 신체적 속박에서 정신적 속박으로, 외적 폭력에서 내면적 폭행으로 자연스럽게 대체된다.

먼저 푸코의 『감시와 처벌』은 고전주의 시대와 근대의 행형제도가 어떻게 다른가를 밝히고, 이러한 분석을 통해 근대사회가 전면적인 감시사회라는 사실을 폭로한다. 푸코는 이런 관점에서 감시와 처벌의 역사를 서술한다. 처음에 지배적이던 것은 공개적인 끔찍한 처형이었다. 이는 군주권에 기반한 것으로, 사람들에게 강렬한 공포를 불러일으킴으로써 범죄나 모반을 막으려는 일종의 보복이었다. 그러나 18세기 말을 거쳐 이 보복은 훈육으로 바뀐다. 여기서 인간은 행형과 훈육의 새로운 대상으로 떠오르게 된다. 나아가 이들의 신체 운용에 대한 면밀한 통제를 가능하게 하고, 신체를 항상적으로 속박할 수 있으며, 효율적인 순종을 강제할 수 있는 방법으로서 감시가 발전한다. 더불어 시간표, 신체와 동작의 상관화, 시간의 철저한 활용, 시험, 제재의 규격화 등 다양한 훈육의 기술이 발달한다. 이로써 감옥은 단순한 처벌권력에서 규율에 의해 법적 주체로 훈련시키는 권력으로 전환된다. 그리고 이러한 통제와 훈육의 기술은 이후 학교와 군대, 공장에서 개인들을 훈육하고 통제하는 하나의 모델이 된다. 이런 의미에서 "현대 사회는 거창한 구경거리의 사회가 아니라 감시의 사회"(『감시와 처벌』 333)이다. 사회 전반을 감시하는 기술은 법률학, 의학, 정신분석학, 교육학, 심리학 등 주로 인간을 연구대상으로 하는 새로운 학문에 의해 정당화된다. 학문적 지식은 구체적인 제도와 장치를 통해 정당성을 획득하기 때문에 항상 권력과 은밀하게 유착하게 된다. 여기서 지식과 권력이 유착하는 지식-권력이 생겨난다. 뿐만 아니라 직접적으로 권력은 신체에 작용하는 권력임을 분명히 하게 된다. 물론 이는 푸코의 생체-권력을 의미한다.

푸코는 이러한 지식-권력과 생체-권력의 관점을 『성의 역사 1』에서 성이나 성욕, 성적인 제도와 장치에 대한 분석을 통해 더욱 공고히 한다. 푸코는 『성의 역사 1』에서 성에 관해 말하도록 유도하고, 성에 관한 말을 확산 및 유포시켜 성적 충동을 유발한 후, 이를 지식-권력의 감시와 통제하에 둔다고 주장한다. 그의 주장에 따르면, 서구인들은 18세기 이래로 성에 관해 말하도록 유도되고 성행위에 관해 고백하도록 강요받았으며, 그 결과 19세기 이후에는 성이 확산되었다. 18세기 이전 성에 관한 담론은 성이 아닌 단순한 육체와 관련되었다. 성이 권력의 감시하에 놓이게 된 것은 18세기 이후이다. 그 전에는 단순한 육체의 통제였고, 주로 교회에서만 고해성사가 유도되었다. 그러나 18세기에 이르러 고백의식은 교회만이 아니라 사회의 모든 영역으로 확산되어 성에 관한 담론 생성의 주된 기술로 제도화되었다. 교사와 학생 사이, 정신과 의사와 환자 사이, 부모와 자녀 사이 등 사회의 모든 영역에 고백의식이 확산되었을 뿐만 아니라, 성행위는 물론 생각과 욕망 그리고 의도까지 낱낱이 고백하게 함으로써 성담론을 생성하는 기술로 제도화된 것이다. 19세기 이후에는 성담론이 과학적 분석의 대상이 되었다. 푸코는 이러한 경향을 성과학의 출현으로 본다. 이러한 변화는 심리학, 인구학, 정신병리학, 정신분석학의 발전에 힘입어 성에 관한 담론을 유도하고 강요하여 이를 과학적 분석의 대상으로 삼는다. 특히 프로이트의 정신분석학은 성에 대한 과학의 지배를 가능하게 하는 새로운 지평을 열었다. 결국 성에 관한 이러한 지식의지를 통해 권력이 행사되는 새로운 차원의 감시장치가 출현한 것이다. 여기서 지식-권력과 생체-권력이 작동함은 물론이다.

그런데 푸코는 지식-권력과 생체-권력이 인간 주체 속에 침투하고 사회적 관계 배치 속에 분산되는 측면을 부각시키면서 권력의 미시물리학적인 측면을 강조한다. 미시라는 용어는 언제나 "유동적이며 결코 국지화시킬 수 없는 관계들"(*Foucault* 74)을 의미한다. 미시물리학적 측면에서 권력은 어떤 대상을 지식을 통해 배제하고 억압하는 데 그치지 않고, 적극적으로 개인을 구성하면서 수동적 주체로 만든다. 이와 유사하게 들뢰즈는 권력이 자신의 기능을 활성화시키면서 유연한 선분성을 드러낸다고 하면서 권력은 다이어그램적이라고 정의한다.

권력은 다이어그램적이다라는 의미를 파악하기 위해 먼저 다이어그램의 정확한 의미를 살펴보자. 들뢰즈는 다이어그램의 용어를 프란시스 베이컨에게서 차용한다. 베이컨 회화에서 다이어그램은 힘들의 변조기로서, 회화의 구성을 안내하고 일정한 방향으로 향하게 하며 순간적으로 변하는 틀로서 기능한다. 그것은 무의식적 흔적들인 사건들이고 창조적인 탈주선의 기원인 카오스의 지대이다. 다이어그램은 얼룩 혹은 그 부분들 전체를 나타내는데, 이는 기표적이지 않고 의미작용을 하지 않는 흔적이며, 재현 기능을 수행하지 않는 흔적이다. 중요한 점은, 다이어그램은 실제로 카오스이고, 질서 혹은 리듬의 근원으로서 모든 종류의 사실의 가능성이 배치되어 있다는 것이다.

권력은 미시물리학이라는 테제와 권력은 다이어그램이라는 테제에서 공통적인 사실은 "권력은 생산한다"(『감시와 처벌』 302), 즉 권력은 생산적이라는 것이다.

> 이제는 배제한다, 처벌한다, 억누른다, 검열한다, 고립시킨다, 숨긴다, 가린다, 등의 부정적인 표현으로 권력의 효과를 기술하지 말아야 한다. 사실상 권력은 생산한다. 현실적인 것을 생산하고, 객체의 영역과 진실에 관한 의식을 생산하는 것이다. 개인과 개인에 대해 취할 수 있는 지식은 이러한 생산의 영역에 속한다.(『감시와 처벌』 302)

들뢰즈는 푸코가 상정하는 권력 개념을 권력의 미시물리학, 권력의 다이어그램 등으로 논의한다. 이는 푸코 사상을 변주시켜 들뢰즈가 푸코의 권력 이미지를 구체화하는 방식이다. 권력이 다이어그램적이라는 것은, 권력이 지층화되지 않는 기능과 자료를 활성화시키는 동시에 매우 유연한 선분성을 드러내며 펼쳐진다는 의미이다. 여기서 다이어그램이란 일정한 형식화에 고유한 힘 관계에 대한 설명이고, 서로서로 영향을 주고받는 권력의 배치이자 비형식화된 순수 기능들이다. 즉 권력이 다이어그램적이라는 말은 권력이 어떤 배치에 따라 현재적이고 지배적인 위치를 갖는다는 것이다. 이런 의미로 들뢰즈는, 『푸코』에서 권력은 힘들의 관계이거나 혹은 모든 힘들의 관계는 하나의 권력 관계라고 한다.

권력 관계들은 차이성 혹은 영향력을 결정하는, 계속적으로 분할되는 미분적 관계이다. 반면 그러한 관계를 안정화하고 지층화시키는 현실화 행위 자체는 하나의 적분적인 것이다. 이는 우리나라 교육제도를 통해 쉽게 이해될 수 있다. 교육제도에서 권력 관계는 교육부장관⇒ 광역시 교육감(혹은 시도 교육감)⇒ 각 학교장⇒ 교감 ⇒ 담임선생님 순으로 미분화된다. 이 순서는 권력의 영향력을 암시하고 명령이 전달되는 미분적인 흐름이자 미시적인 흐름이다. 그런데 이런 관계가 가능하기 위해서는 교육제도라는 틀이 있어야 한다. 교육제도 속에서 교장은 교육감의 지시를 거역할 수 없고, 일선 교사는 교장의 지시를 거부할 수 없다. 지시를 거부하면 파면만이 있을 뿐이다. 즉 교육제도라는 틀 속에서 권력 관계는 지층화되고 안정화되며 적분화된다. 이와 같이 교육제도와 같은 여러 제도는 일련의 권력 관계를 전제로 한다.

푸코의 권력의 미시물리학, 즉 권력은 생산적이라는 테제를, 들뢰즈는 몰선과 분자선, 그리고 탈주선을 통해 설명한다. 몰선은 어떤 것 안에 포함된 개개 분자에 대해 동일하게 움직일 것을 요구한다. 또한 그것은 경직된 양상으로 작동한다. 모두에게 동일하게 적용된다는 것은 그런 경직성을 피할 수 없기 때문이다. 따라서 몰선은 경직된 선분성의 선이라 할 수 있다. 반면 분자선은 지각 불가능한 운동으로, 그것은 몰 단위로 동일하게 서술되는 경직성을 벗어나 유연하게 움직이며, 서로 인접한 분자들끼리 영향을 주고받으면서 몰적인 동질성에서 벗어나는 유연한 흐름을 형성한다. 이 경우 선분은 탈영토화의 양자(量子)처럼 존재한다. 여기서 양자적 흐름이란 몰적인 것과 분자적인 것의 대립과는 다른 층위에서 작용하는 것이며, 그 둘 다를 관통하는, 혹은 그 둘 다에 의해 포획되고 분절되는 탈영토화된 흐름 자체이다. 마지막으로 탈주선은 몰적 선분을 흔드는 진동이나, 그 벽을 넘는 유연한 양자적 흐름에 멈추는 것이 아니라, 그 선분적인 선에서 벗어나는 새로운 창조의 선을 그리는 것이다. 또한 삶의 관성이나 타성에서 벗어나는 새로운 선을 그리는 것이고, 새로운 방향성을 갖는 선을 그리는 것이다.

이 세 가지 선은 그 자체로 어떤 초월적인 지위를 갖지 않으며, 다른 선에 의해 침범되지 않는 고유영역을 형성하지도 않는다. 이 선들은 서로 겹치거나 중첩되는 경우, 혹은 어긋나며 교차하는 경우, 때로는 방해하기도 하는 경우, 그리고 상호 결합되거나 상호 촉발하는 경우도 있다. 이렇게 이 세 가지 선은 내재적인 연관성, 즉 상호 내재성을 갖는다. 이 상호 내재적인 측면이 권력이 생산적이라는 의미, 다이어그램적이라는 의미와 유사한 점이다.

권력이 생산적이라는 것에 대한 들뢰즈의 분석은 감시와 처벌 등을 활용하여 몰적인 권력 중심이 미시적 조직으로 흘려 들어간다는 것이다. 즉 "권력의 중심 각각은 또한 분자적이며, 미시논리적인 조직 위에 행사된다."(*TP* 224) 미시적 권력의 중심은 분자적인 것 내지 양자적인 흐름과 하나의 고착화된 선분화된 것의 경계라고 할 수 있다. 앞에서 설명한 것처럼, 몰적인 국가 권력은 교육제도를 통해 분자적 흐름선을 학교라는 미시적 조직으로 확대할 수 있다. 또한 몰적인 학교 권력은 각 학년과 교실로 분산될 수 있다. 따라서 들뢰즈는 "권력의 중심은 확산되고 분산되고 감소되고 축소된 것으로 존재할 뿐이며, 끊임없이 치환되고, 미세한 선분화에 의해 활동하며, 세부적인 것, 세부의 세부적인 것 안에서 작동한다"(*TP* 224)라고 말한다.

"권력은 아래로부터 나온다"(『성의 역사 1』 108)라는 푸코의 명제는 들뢰즈가 말하는 미시적 권력이 작동하는 고유한 양상을, 다시 말해 분자적인 양상을 잘 보여준다. 국가적인 공명의 중심을 형성하는 권력과 공명하면서 국가적 중심화와 통합에 기능하기도 하는 이러한 미시적 권력 중심들은 역으로 그 거대한 국가적 권력이 어떻게 일상적인 삶의 미시적 요소들에까지 촉수를 뻗치고 그것을 통제할 수 있는가를 잘 보여준다. 하지만 권력이 미시적 조직으로 미치지 못하는 경우도 있다. 다시 말해 권력 중심은 가능한 한 권력 흐름을 선분화시키면서 미시적 조직을 통제하는 경우도 있지만, 그 미시적 조직을 통제할 수 없는 경우도 있다. 이를 들뢰즈는 권력의 무능력 지대라고 한다. 이에 반해 동질화하고 고착화하는 선분화를 통해 권력 중심이 분산되는 지대는 권력의 능력 지대이다.

권력이 생산적인 측면에서 나타나는 권력 중심의 능력의 원리와 무능력의 원리는 세 가지 측면으로 나눠진다. 세 가지 지대란 "첫째는 그 능력의 지대로서, 단단하게 경직된 선의 선분들과 관련된 것이고, 둘째는 미시-물리학적 조직체 안에서 그것의 확산과 관련된 것이다. 셋째는 그 무능력의 지대로서 권력이 통제하지도 못하고 결정하지도 못한 채 단지 변환시킬 수 있을 뿐인 흐름 및 양자와 관련된 것이다."(*TP* 226)

첫 번째 지대는 다양한 국가기구 안에서 다양한 코드를 하나의 코드로 만들어버리는 몰적인 초코드화*를 실행시키는 배치로서 정의된다. 두 번째 지대는 이러한 배치를 분산시키며 계속적으로 흘러들어 가는 분자적인 조직체 안에서 정의되며, 세 번째 지대는 국가기구에 통제되지 않은 채 작동하는 변이의 추상기계**에서의 흐름과

* 들뢰즈의 초코드화 개념은 다양한 코드를 단일한 코드로 통합하는 의미를 갖는다.

** 여기서 추상의 개념은 형식이나 형상을 변형시키는 것, 그리하여 모든 형식 자체로부터 탈형식되는 것을 의미한다. 동양 철학에서 사용되는 '기(氣)'가 이런 개념이다. 기는 원이나 곡선 같은 어떤 형식적 공통성과도 무관하며, 원자나 소립자 같은 기본적인 구성단위도 아니다. 자연의 지층과 인공물의 지층을 넘나들고, 회화의 지층과 음악의 지층을 넘나들며 흘러 다닌다. 그리고 기는 모든 종류의 형식을 벗어난 개념이고, 상이한 형식을 가로지르며 그것들을 하나로 연결해주는 탈형식적 통일성(들뢰즈는 이것을 일관성이라고 한다)을 형성한다. 이처럼 상이한 방식의 추상을 통해 지층들의 통일성을 형성하는 요소를 들뢰즈는 추상적 기계 또는 추상기계라고 부른다. 이런 맥락에서 추상기계에서 추상은 형식 내지 형상적 특성을 변형시키면서 하나에서 다른 하나로 넘어가는 추상이다.(『노마디즘 1』 203-207)

양자로 정의된다. 다시 교육의 예로 보면, 첫 번째 능력의 지대는 교육부를 대표한다. 두 번째, 권력이 생산적으로 되어 미시적 조직으로 분산되는 지대는 학교와 학생, 교사와 학생 간의 공교육으로 정의될 수 있는 계열을 의미한다. 세 번째 무능력 지대는 공교육과 사교육의 대체제도로서 출현하는 대안 교육의 흐름을 나타낸다. 이렇게 몰적인 선분성의 선과 분자적 선분성의 선, 그리고 탈주선이라는 세 개의 선은 세 개의 지대와 결부되어 있다(3장에서 지적한 것처럼 탈주선은 다시 몰선으로 포획될 수 있다. 즉 대안 교육을 받은 학생들도 대학에 입학하기 위해서는 다시 몰적인 교육체제로 들어와 여러 시험 과정을 거쳐야 한다).

살펴본 대로 권력에 대한 들뢰즈의 논의는 푸코와 마찬가지로 미시적 흐름을 통해 권력이 생산적이라는 점을 강조한다. 보이지 않은 권력으로서 지식-권력과 생체-권력으로 작동하는 푸코의 권력의 미시적 흐름과는 달리, 들뢰즈는 생산적인 권력 측면을 식별 가능한 미시적 흐름과 식별 불가능한 미시적 흐름으로 제시한다. 전자는 권력이 생산적이라는 푸코의 테제와 유사한 면을 갖는다. 비록 푸코가 창조적인 탈주선으로서 권력의 식별 불가능한 미시적 흐름을 제시하지는 않지만, 이 창조적인 탈주선은 푸코의 능동적인 윤리적 주체화와 연결될 수 있다.

푸코의 주체화 개념과 들뢰즈의 노마드적 주체

푸코의 세 번째 연구 시기는 윤리적 주체의 형성을 집중적으로 분석하는 윤리적 단계이다. 푸코는 "개인은 자기와의 관계를 통해 스스로를 주체로 세우고 주체로 인식하게 되는데, 이 같은 자기와의 관계가 어떤 형태와 양태들을 취하는지"(『성의 역사 2』 20) 관심을 갖는다. 그는 『성의 역사 2』와 『성의 역사 3』에서 개인이 자신을 자율적 주체로 구성하는 과정을 분석하기 위해, 첫째 윤리의 본질 혹은 윤리의 실체를 무엇으로 보며, 둘째 도덕적 의무의식의 원천은 무엇이며, 셋째 윤리적 주체가 되기 위해 자신을 어떻게 형성할 것이며, 넷째 이러한 자아형성을 통해 궁극적으로 성취하려는 존재양식은 어떤 것인가 하는 상호 관련된 네 가지 차원이 윤리적 삶을 구조화한다고 본다.

첫째는 아프로디지아 개념으로, 그것을 통해 성적 행동에서 무엇이 윤리적 실체로 인식되는지를 파악할 수 있다. 푸코에 의하면, 그리스인들은 이성 간의 연애는 물론 동성연애도 죄악시하지 않았다. 그들은 성적 쾌락이나 욕망을 억압하거나 근절시키기보다는 자율적인 절제를 통해 쾌락을 지혜롭게 활용하는 것이 윤리의 본질이라고 생각했다. 푸코는 윤리의 본질을 윤리적 실체라 하고, 이를 윤리적 삶을 구조화하는 첫째 차원으로 본다. 이렇게 그리스인들은 성적 욕망이나 쾌락을 나쁜 것으로 단죄하지 않고, 지나치면 육체적/정신적 건강에 좋지 않다고 보았기 때문에 쾌락의 근절보다는 다이어트가 필요하다고 생각했다. 그들은 자율적이고 능동적인 자기절제를 통해 중용을 잃지 않는 것이 윤리의 본질이라고 믿었다. 그러나 쾌락에 대한 자율적인 자기통제와 건전한 자기규율은 당시 자유인이었던 성인 남자들만의 도덕률일 뿐, 모든 사람에게 획일적으로 적용되는 보편적 도덕률은 아니었다.

둘째는 크레시스, 활용의 개념으로, 이 개념을 통해 쾌락의 실천이 도덕적 가치를 부여받기 위해 따라야 했던 복종의 유형을 파악할 수 있다. 이는 윤리적 삶을 구조화하는 예속의 양식과 관련이 있다. 그리스인들은 그들의 삶을 가장 아름답게 가꾸는 것을 도덕적 의무로 생각했다. 푸코는 그리스인들의 이러한 예속양식을 실존미학 혹은 실천미학이라고 불렀다. 여기서 문제가 되는 것은 사람이 느끼는 욕망이나 성행위 중에서 무엇이 허용되고 금지되느냐 하는 것이 아니라, "사람이 자신의 행위를 배분하고 조절하는 방식에서 얼마만큼 신중하고 심사숙고하며 계획적이냐 하는 것이다."(『성의 역사 2』 70-71)

셋째는 엔크라테이아의 개념으로, 이 개념은 스스로를 도덕적 주체로 세우기 위해 자기 자신에 대해 가져야만 하는 태도를 정의해준다. 여기서는 구체적인 실천을 통해 자신을 만들어가는 자아형성 활동이 윤리적 삶의 구조화에 중요한 요인이 된다. 이는 자기 자신을 윤리적 주체로 구성하기 위해 자신의 삶을 가꾸고 변화시키는 실천적 활동을 의미한다. 그리스의 자유인들은 중용의 미덕을 잃지 않도록 통제하고 자제하는 자율적 삶에 높은 가치를 부여했다.

넷째는 절제, 예지라는 소프로쉬네 개념으로, 이 개념은 수행 중에 있는 도덕적 주체를 특징짓는 것이다. 그리스의 자유인들은 궁극적으로 윤리적 자아를 형성하는 활동을 통해 쾌락을 절제 있게 활용하여 스스로를 자율적으로 통제하고 자제할 수 있는 자유로운 존재로 고양시키고자 했다.

각각 쾌락의 활용과 자아의 배려라는 부제가 붙은 『성의 역사 2』와 『성의 역사 3』은 "개인이 스스로를 성적 행동의 도덕적 주체로 인식하게 되는 방식"을 그린 윤리적 단계의 저작이다. 푸코가 윤리라고 하는 것은 개인이 자기 자신과의 관계를 통해 스스로를 자율적인 도덕적 주체로 구성하는 것을 의미한다. 그는 복종 형태 속에 예속화되는 양식이 아니라 "수정된 하나의 윤리와 자기를 자신의 성행위의 도덕적 주체로 구성하는 또 다른 방식"(『성의 역사 3』 270)을 제기한다.

지적한 대로, 푸코의 세 번째 연구 시기에서는 권력과 자아의 관계가 중요한 문제가 된다. 푸코는 쾌락의 활용을 통해, 양생술 같은 자기 배려의 기술을 통해 자아를 어떻게 구성하는지를 연구한다. 양생술은 "건강을 위해 중요하다고 알려진 활동의 조절을 목표로 한다."(『성의 역사 2』 120) 이것은 자유로운 인간이 자신의 신체를 적극적으로 관리할 수 있을 만큼 자기를 절제하는 능력이다. 즉 "운동, 음식, 마실 것, 수면, 식이요법, 성관계 등"(『성의 역사 2』 123) 이러한 모든 것을 절제하는 능력이다. 이는 스스로를 자신의 육체에 대해 적당하고 필요하며 충분한 배려를 하는 주체로 만드는 방식이다.

그런데 자기 배려의 기술을 통한 자아의 구성은 개인이 윤리적 주체를 구성하는 문제를 집중적으로 분석하는 윤리적 단계이다. 인간이 자기 자신과의 관계를 통해 스스로를 윤리적 주체로 구성하는 양식을 푸코는 자아의 기술이라고 한다. 그에 따르면, 고대의 그리스·로마 시대와 기독교 출현 이래의 현대 사이에는 자아의 기술에서 간과할 수 없는 차이가 있다. 즉 소년들과의 동성연애까지도 죄악시하지 않으면서 그리스인들이 이러한 성적 실천을 통해 스스로를 준엄하고 자율적인 윤리적 주체로 구성하던 고대의 주체 구성 양식과, 기독교 출현 이후 육체의 쾌락을 죄악시하고 엄격하게 금지하는 획일적 율법을 통해 자아를 구성하는 현대의 주체구성 양식 사이에는 단절과 차이가 있다는 것이다. 간단히 말해서 전자가 구성하는 주체라면, 후자는 구성되는 주체이다. 이러한 푸코의 능동적인 주체는 들뢰즈의 노마드적 주체, 지각-불가능하게 되기와 상호 연관성을 갖는다.

노마드적 주체는 들뢰즈의 되기 개념으로 설명할 수 있다. 되기는 압제적인 기존의 담론과 제도를 탈영토화하는 창조적 가능성을 실현하기에 들뢰즈가 강조하는 예술과 깊은 관계가 있다. 되기는 "존재가 아니라 존재 사이에 벌어지는, 하나의 존재에서 다른 존재로 되는 변화를 주목하고, 그러한 변화의 내재성을 주목하며, 그것을 통해 끊임없이 탈영토화되고 변이하는 삶을 촉발하는 것"(『노마디즘 2』 33)이다.

되기는 자기 동일적인 어떤 상태에서 벗어나 다른 것이 되는 것이고, 어떤 확고한 것에 뿌리박거나 확실한 뿌리를 찾는 것이 아니라 거기서 벗어나는 것이다. 간단히 말해 되기는 근거를 찾는 것이 아니라 근거에서 벗어나 탈영토화되는 것이다. 이런 점에서 뿌리가 아니라 리좀을 선호하고, 정착이 아니라 유목을 강조하며, 관성이나 중력에서 벗어나는 편위를 강조하는 것은 되기와 밀접한 관계가 있다. 되기의 구도에서 삶과 사유는 영속성과 항속성, 불변, 기초, 근본 등과 같은 서양 철학의 중심적 단어들과 이별하고, 변이와 창조, 새로운 것의 탐색과 실험을 끊임없이 추구한다.

창조적이고 긍정적인 힘을 소유한 주체는 모든 몰적 선분*에서 벗어나 조심스럽게 그 자체를 탈조직화하고, 무한한 창조성과 생성을 수행하는 실천적 자아인 노마드적 주체일 수 있다. 물론 노마드적 주체는 끊임없이 변형하고 생성되는 되기의 과정 속에 있다. 또한 노마드적 주체는 기관 없는 신체**의 격자를 가로지르는 순수한

* 3장에서 설명한 것처럼, 수목적인 경직된 선분성은 몰적인 선분성을 의미하는 반면, 리좀적인 유연한 선분성은 분자적 선분성을 의미한다. 몰적인 것과 분자적인 것의 차이는 그것이 운동하고 작동하는 양상의 차이, 그리고 각각의 준거체제가 갖는 성질의 차이이다. 준거체제를 갖는다는 것은 몰적인 것이, 해당되는 개개의 분자들에 대해 하나의 동일한 기준이 적용되고 그 기준에 공명하는 방식으로 통합되고 절단되는 그런 선분성의 선을 작동시킨다는 것이다. 반면 분자적인 것은 개개의 분자 간의 상호 작용에 의해 하나의 흐름을 만들어낸다.

** 들뢰즈의 욕망은 어떤 활동을 하기 위해 만나고 접속하는 신체들에 속하는 것이고, 그 신체들을 접속하여 작동하게 만드는 요인이며, 그러한 작동을 통해 무언가를 생산하는 결정적 요인이다. 그것은 어떤 신체들이 접속하여 에너지나 힘의 흐름을 절단하고 채취하게 하는 생산적 능력이다. 이처럼 절단하고 채취하는 방식으로 작동하는 모든 것을 들뢰즈는 기계라고 한다. 즉 기계란 다른 것과 접속하여 어떤 흐름을 절단하고 채취하는 방식으로 작동하는 모든 것을 지칭한다. 접속한 항이 달라지면 다른 기계가 되고, 다른 기계가 된다는 의미는 다른 욕망이 작동한다는 것을 뜻한다. 그래서 들뢰즈는 욕망과 기계를 하나로 연결해 욕망하는 기계 개념을 창안한다. 이 욕망하는 기계는 기관 없는 신체와 연결된다. 기관 없는 신체는 특정한 기계가 다른 기계로, 특정한 욕망이 다른 욕망으로 변환되는 잠재적인 장이라고 할 수 있다. 기관 없는 신체란 흐름

강밀도의 한 점이고, "최초의 전쟁기계"이다. 더불어 우주 만물의 모든 대상과 관계를 맺어 그 무엇 되기를 달성할 수 있는 주체이다. 즉 "새로운 것을 창조하는 활동이나 사유, 글, 움직임, 창작 등의 모든 자유로운 흐름에 상관적인 배치로 형성되고 작동되는 기계인"(『노마디즘 2』 300) 전쟁기계이다.

그렇다면 궁극적으로 되기의 과정을 통해 도달하고자 하는 지점은 어디인가? 들뢰즈가 주장하듯이, 모든 되기는 이미 분자적인 "소수자-되기"로서, 모든 방향에서의 접속에 대해 열려 있기에 모든 양태가 될 수 있는 구도인 일관성의 평면(plane of consistence)과, 강밀도의 연속체 혹은 영(zero)-도 강밀도로서의 기관 없는 신체에 도달한다.

들뢰즈의 상술처럼, 되기는 하나의 양태에서 다른 양태로 가기 위한 문턱 넘기이다. 이 문턱을 넘기 위해서는 힘이 필요하며, 이 힘을 강밀도라고 한다. 로널드 보그(Ronald Bogue)에 의하면, 이러한 강밀도의 가장 기본적인 경험은 무차원적인 깊이 혹은 심연의 경험이다.

모든 되기를 향해 열린 절대적 극한이고 모든 양태가 될 수 있는

의 연속체이고, 흐름이 집중되고 분산되는 장이며, 그 집중과 분산의 양상, 그 집중의 강밀도에 따라 다른 기계(혹은 다른 기관)가 만들어지기도 하고 사라지기도 하는 장이고, 욕망하는 기계들이 만들어지고 변형되는 터전이다. 그런데 욕망하는 기계가 그것이 무엇과 접속하는가에 따라 얼마든지 달라진다는 것은, 기계화된 욕망의 본성이 이웃 항에 달라진다는 것이고, 어떤 기계를 둘러싼 관계가 달라짐에 따라 달라진다는 것이다. 즉 욕망은 고정된 어떤 본성을 갖지 않고, 관계에 따라, 접속되는 이웃 항에 따라 다른 본성을 갖게 된다.(『노마디즘 1』 127-139)

영-도 강밀도로서 기관 없는 신체에 도달하는 것은 이미지 없는 사유, 즉 합리와 비합리의 구별을 포함하는 모든 분별지에서 벗어나 공(空)을 깨닫는 것과 비슷하다. 그래서 무차원의 깊이 또는 영-도 강밀도는 선불교의 공 개념과 비교 가능하다. 또한 기관 없는 신체에 도달하는 것, 즉 "결코 도달할 수 없는 극한이지만 그것에 무한히 접근하는 것 등은 생성하는 자체와 절대적 흐름 자체를 보는 일인데, 이 일은 돈오(頓悟)를 통해서 가능하고, 점수(漸修)를 요구하는 것일 수도 있다."(『들뢰즈와 가타리』 113) 결국 되기의 과정은 수행(修行)하는 실천적 과정을 함의한다고 볼 수 있다.

이렇듯 새로운 되기는 극한의 열린 과정을 통해 기관 없는 신체에 도달하고 깨달음의 극한에 이르는 것이라 말할 수 있고, 이것은 수행적인 과정이자, 지각 불가능하게-되기를 향한다. 다시 말해 모든 되기는 지각 불가능하게-되기를 향해 나아가며, 물질세계와 정신세계의 본질적인 결합을 통해 깨달음의 극한에 이르는 수행적인 몸부림이라고 볼 수 있다. 푸코가 말하는 자기 배려의 기술처럼 이런 과정들은 능동적인 주체로서 노마드적 주체가 되기 위한 필요요건일 것이다.

더불어 개인이 자신을 윤리적 주체를 구성하는 푸코의 능동적인 주체는 들뢰즈의 창조성의 정치학을 실천하는 주체라고 볼 수 있다. 창조적인 정치학은 긍정적이고 창의적인 탈영토화를 추구하고, 이미 설정되어 있는 억압적인 담론과 제도를 탈영토화하여 인간 실존의 새롭고 자유로운 양식들을 창안하려고 한다. 탈영토화 과정은 욕망과 무의식을 제한하는 규정적인 담론과 제도를 전복시키는 해체적인 활동이다. 창조성의 정치학으로서 들뢰즈의 사유는 삶의 새로운 가능성을 창안하고, 표현의 새로운 형식을 개발하는 것이다. 마찬가지로 그의 사유의 목적은 재현 혹은 동일성의 숨은 깊이를 찾는 것이 아니라 차이와 생성의 삶의 새로운 가능성을 창조하는 것이다. 물론 삶의 적극적 능력으로서의 사유는 새로운 형식에 의해 표현된다. 이렇게 창조성의 정치학이 억압적인 담론과 권력을 벗어나 새로운 창조적 흐름을 실현하는 것처럼, 푸코의 능동적인 윤리적 주체는 담론과 권력에 의해 구성되지 않는 주체이자, 자기 배려적이고 자신의 삶을 반성하는 주체이고, 구체적으로 실천하는 자율적인 주체이며, "절제와 능동성"으로 "윤리적 자아"(『주체 개념의 비판』 180)를 형성하는 주체이다. 담론과 권력에서 벗어나 구체적인 실천을 구현하는 푸코의 능동적인 윤리적 주체는 들뢰즈의 창조성의 정치학을 구체화한다고 볼 수 있다.

담론 개념에서 푸코의 독특한 관점은, 의학적 담론, 윤리적 담론, 정치적 담론, 교육적 담론 등 다양한 제도 영역에서 통용되는 담론이 각기 고유한 규칙과 형태를 갖기는 하나, 다양한 영역의 담론 양식에 공통된 담론 생성의 시대적 규칙이 있다는 것이다. 즉 역사적 시대마다 그 시대의 담론을 일정한 방향으로 틀을 지우는 시대 고유의 무의식적 조건이 있다는 것이다. 이는 푸코의 에피스테메 개념이다. 중요한 점은 에피스테메라는 무의식적 조건 속에서 의식적 주체는 해체된다는 점이다. 왜냐하면 주체는 의식적 존재라기보다는 무의식적 에피스테메에 의해 조건화된 담론으로 구성되는 존재이기 때문이다. 즉 우리의 인식은 다양한 담론에 의해 규정되고, 각 영역의 담론들은 시대 고유의 에피스테메에 따라 형성된다. 따라서 시대를 초월하는 보편적 진리는 따로 있는 것이 아니라 시대 고유의 담론 혹은 역사적 선험성에 의해 구성되는 것이다. 중요한 사실은 담론이 하나의 장치와 제도와 연결되어 권력으로 작동할 수 있다는 점이다.

권력에 대한 푸코의 관심은 권력 개념 자체에 있는 것이 아니라 권력이 침투해 들어가는 경로의 추적에서 발견되는 전략성, 권력의 전략에 있다. 이 과정에서 폭로되는 것이 근대 권력이 만들어내는 훈육적 주체인 것은 명백해진다. 권력의 메커니즘 속에서, 푸코는 권력이 지식-권력으로 존재할 뿐만 아니라 직접적으로 신체에 작용하는 권력, 다시 말해 생체-권력임을 분명하게 밝힌다. 푸코가 계보학적인 방법으로 접근했던 생산적인 권력은 객체화된 주체와 훈육적 주체를 만들기 위해 규율과 감시를 시행하고, 그 과정 속에서 지식-권력과 생체-권력이 형성된다. 이러한 권력은 미시물리학적인 측면을 지니고 있기에 계속적으로 미시조직으로 분산되고 확산되는 특징을 지닌다.

푸코는 이러한 권력 작동 메커니즘을 능동적으로 벗어나는 윤리적 주체를 세 번째 시기에 중심적으로 연구한다. 푸코는 인간이 자기 자신과의 관계를 통해 스스로를 윤리적 주체로 구성하는 양식을 자아의 기술이라고 한다. 그는 스스로를 준엄하고 자율적인 윤리적 주체로 구성하던 고대의 주체 구성 양식과 육체의 쾌락을 죄악시하고 엄격하게 금지하는 획일적 율법을 통해 자아를 구성하는 근대의 주체 구성 양식에 차이가 있음을 밝힌다. 푸코는 여기서 자기 자신과의 관계를 통해 스스로 자율적인 윤리적 주체를 구성하는 것을 강조한다.

이러한 푸코 연구의 전체 작업은 동일자와 타자, 이성과 광기 등의 경계선을 허무는 것이다. 푸코는 이런 경계선에 작용하며 그것을 유지하는 권력을 드러냄으로써, 진리란 동일자 자신이 발행하는 동일자의 보증서에 불과함을 밝힌다. 이런 의미로 진리는 지식에게 권력을 제공하고 권력을 통해 지식이 작동하도록 하며, 나아가 신체에 작동한다. 그 결과 지식-권력과 생체-권력이 작용한다. 그렇게 함으로써 근대적인 진리 개념은 철저하게 파괴되고, 지식을 재는 참된 지식의 잣대도 무너진다. 정신의학이나 임상의학에 대한 분석을 통해, 그리고 지식에 대한 고고학적이고 계보학적인 비판을 통해 과학이란 이름의 정당화 또한 해체한다.

더불어 푸코는 인간이란 범주가 근대라는 시기의 산물임을 밝힘으로써, 근대철학의 지반을 근대철학의 역사성 속에서 볼 수 있게 재배치한다. 이로써 주체철학은 그 근대적 성격이 명확해진다. 살펴본 대로 그것은 윤리학으로 전환된다. 이러한 푸코의 연구는 지식과 담론, 권력, 주체화에 대한 연구로 요약될 수 있고, 이 세 주제는 지식과 담론에서의 권력, 지식-권력과 생체 권력, 권력과 자아로 분류될 수 있다는 점에서 권력이라는 공통된 중심 주제를 공유한다.

푸코의 지식과 담론에서의 권력에 대한 연구는 들뢰즈의 언어에 대한 연구, 특히 화용론 연구와 유사한 의미를 가진다. 여기서 두 사람은 지식이나 담론, 그리고 언어의 불확정성의 지대를 설정할 뿐만 아니라, 지식과 담론과 언어 속에 함의된 권력적 속성을 밝혀낸다. 또한 지식-권력과 생체-권력 작동을 통해 푸코가 권력이 인간 주체 속에 침투하고 사회적 관계 배치 속에 분산되는 측면을 부각시키면서 권력의 미시물리학을 강조하듯이, 들뢰즈는 권력이 자신의 기능을 활성화시키면서 유연한 선분성을 드러낸다고 하면서 "권력은 다이어그램적"이라고 정의한다. 권력은 미시물리학이라는 테제와 권력은 다이어그램이라는 테제에서 공통적인 사실은 권력은 생산적이라는 것, 즉 작동한다는 것이다. 마지막으로 푸코가 제시하는 능동적인 윤리적 주체는 들뢰즈의 노마드적 주체와 그 주체가 극한으로 추구하는 지각 불가능하게-되기에 수렴되고, 긍정적이고 창조적인 활동을 지향하는 창조성의 정치학을 구현한다고 볼 수 있다.

에필로그

IMF 사태가 발생한 지 17여 년이 되었는데도 여전히 대학생들의 취업은 그다지 용이하지 않다. 그래서인지 1학년에 입학하자마자 대학생들은 취업 준비 모드로 들어간다. 전공 공부를 통하여 학점을 관리하고, 고득점의 토익 점수를 받기 위해 영어학원도 다니며, 취업에 필요한 자격증들을 딴다. 여기에 덧붙여, 자기 소개서에 다양한 경험을 한 줄이라도 더 넣기 위해 봉사활동과 같은 많은 대외활동을 한다. 이런 분위기 탓에 수업 커리큘럼도 폭넓은 사유를 계발하는 인문학 과목보다는 영어나 기타 외국어 등과 같이 취업에 도움이 되는 과목으로 단순화되고 있다. 한층 더 어려운 현실을 반영하는 것은 학생들의 공무원 시험 준비다. 학생들은 전공에 상관없이 공무원 시험을 준비하는 데 열을 올린다. 학생들은 도서관에서 전공, 영어, 공무원 시험과 같이 세 가지 공부만 한다는 웃기지만 슬픈 이야기가 있다. 대학생들이 88만 원 세대라고 불릴 만큼, 사오정 세대가 일찍 퇴직을 해야 할 만큼, 그리고 비정규직이 정규직으로 전환되기 힘든 만큼 사회의 경제체제가 불안한 상태에서, 학생들이 공무원 시험으로 몰리는 것은 당연한 귀결이다.

이러한 대학생의 생활을 보면서 한편으로는 자기를 계발하는 모습이 대견하기도 하지만, 다른 한편으로는 자신의 꿈이 무엇인지도 모른 채 사회 분위기에 편승되어 살아가는 모습이 안쓰러워 보인다. 또한 "획일적인 공부를 통해 단순화되지 않을까? 취업만을 생각해서 타인을 배려하는 마음이 상실되지 않을까?"라는 걱정이 앞서기도 한다. 상실의 시대를 살아가는 이런 학생들을 볼 때마다, 푸코가 주장하는 권력의 작동 방식이 생각난다. 창의성을 상실한 취업제도와 고용이 불안한 경제체제 속에서 시험에 통제되고 감시받으며 복종적인 사람으로 살아가는 학생들의 모습이 그려지기도 한다. 학점과 토익 점수, 자격증과 같은 시험의 일망 감시체제로 학생들에 대한 훈육과 감시가 간편해졌고, 영어와 공무원 시험과목이 지식-권력이 되며, 그런 토익과 공무원 시험과목을 준비하도록 하는 생체-권력이 작동한다. 조금은 극단적인 비교일 수도 있지만, 최근의 학생들을 보면 영화 〈뻐꾸기 둥지 위로 날아간 새〉에서 자신의 의미를 상실한 채 순종적으로 살아가는 환자들의 모습이 겹쳐진다.

그 영화의 환자들은 푸코의 권력 작동 방식에 그대로 포획되는 인물들이다. 권력의 전략인 규율과 감시, 그리고 지식-권력과 생체-권력 통해 환자들은 자유를 박탈당한 채 순응적으로 살아가면서 하나의 주체로서의 삶을 빼앗긴다. 정신병원에 수감되어 있는 환자들은 겉으로는 전혀 문제가 없어 보이지만, 병원 내의 보이지 않는 권력과 압력에 의해 짓눌려 훈육받는 죽은 인간들이다. 주인공 맥머피(잭 니콜슨 분)는 병원의 권력에 반항하고 저항하지만, 그 권력과 병원 내의 체계가 너무나 막강하다는 것을 깨닫고 탈출을 결심한다. 하지만 맥머피는 이를 저지당하고 병원 당국에 의해 전기치료실로 끌려가서 치료를 받는다. 다시 돌아온 맥머피는 권력에 저항할 수 없는 완전히 무력한 인간이 되어버린다.

이 영화 속에 나오는 환자들처럼, 규율과 감시와 처벌을 활용한 권력의 전략으로 우리는 개인화되지 않는가? 지식-권력과 생체-권력의 작동으로 우리는 수동적인 삶을 살아가고 있지 않는가? 현대사회에서 일망 감시장치와 같은 감시체제와 구조로 우리는 교묘하게 예속화의 길로 빠져들지 않는가? 우리는 근대 사회의 예속화의 길을 탈출하여 살아갈 수 있는가? 그런 탈주가 맥머피와 같이 무력한 죽음의 길로 이끌지는 않는가? 이러한 다양한 질문을 할 수 있을 만큼 한국의 자본주의 사회는 보이지 않는 권력으로 우리를 감시하고 주시하고 있다.

푸코가 과격하게 주장하는 바대로, 현대사회는 "감시의 사회"이다. 그는 우리들의 신체가 다양한 이미지의 허울 속에서 심층적인 공격 대상이 된다고 한다. 권력의 질서 속에서 객체화된 개인이 규율과 감시를 통해 훈육되듯이, 사회 질서 속에서 힘과 신체에 관한 전술을 통해 개인은 세밀한 의도로 만들어진다. 이것이 바로 지식-권력과 생체-권력의 작동이고, 이 작동 속에서 우리는 자발적이든 혹은 강제적이든 권력의 효과에 포위된 채, 진정한 주체로서의 힘을 상실하게 된다. 이는 자본의 권력이 막강해진 자본주의 체제에서 더욱 그러하다.

푸코는 특히 생체-권력이 자본주의 발전에 불가결한 요소라고 말한다. 생체-권력은 육체의 규율과 인구의 조절이라는 두 가지 측면으로 작동한다. 그에 의하면, 자본주의 발전은 신체가 통제되어 생산체제로 편입되는 것과, 인구현상이 경제 과정에 맞추어지는 것을 조건으로 해서만 보장될 수 있었다. 이런 의미로 생체-권력은 자본주의 발전에 필수적인 것으로 자리매김한다. 첫째, 자본주의 체제에서 신체가 통제되어 생산체제로 편입되는 것은 직장과 같은 다양한 장치에서 규율을 통해 우리의 신체를 자본 권력의 요구에 순응하는 신체로 만드는 것이다. 쉽게 말해서, 신체의 규율은 우리를 회사에 적합하고 순응하는 사람으로 만드는 데 유용하다. 둘째, 인구가 통제되어 인구현상이 경제 과정에 맞추어지는 것은 자본에 의한 인구의 통제, 즉 언제든 이용가능한 상대적 과잉인구를 통제하는 것이다. 이 인구의 통제는 구직자와 유직자 모두에게 실업의 압력을 가하면서 그들을 회사에 맞게 채용하는 데 도움이 된다. 인력이 필요하면 비정규직을 채용하고, 불필요할 때 해고하면 된다.

여기서 첫째 신체 규율의 측면은 취업하기 위해서 다양한 스펙을 쌓는 학생들을 통해 잘 드러난다. 학생들이 자발적으로 그렇게 하든 수동적으로 그렇게 하든 중요한 것은, 학생의 사유는 회사가 정한 원칙을 벗어날 수가 없다는 점이다. 회사가 원하는 인재상이 되기 위해 학생은 그런 인재가 되어야 한다. 여기에는 어떠한 반역적인 생각도 없다. 단지 그런 것일 뿐이다. 오직 취업하기 위해서. 둘째, 인구 통제 조절에서 과잉인구 논리는 더욱 심각하다. 대기업이나 유명한 중견기업은 모든 대학생을 신입사원으로 채용할 수 없다. 그 좁은 경쟁률을 뚫고 들어가기 위해서 학생들은 많은 노력을 기울인다. 하지만 대부분의 학생들은 상대적 과잉인구로 남아서 산업예비군이 되거나, 앞에서 언급한 공무원 시험을 준비하거나, 88만원 세대라고 통칭되는 비정규직으로 근무하게 된다. 그런데 공무원 시험을 통과하는 것이 쉽지 않거니와 비정규직 문제도 해결될 기미가 별로 보이지 않는다. 이런 식으로 자본주의 체제에서 생체-권력은 신체를 훈육시키는 노동 생산방식과 과잉인구에 적용되는 노동 체제를 통해 학생(혹은 산업예비군과 산업노동자)들의 신체를 장악하고 관리한다.

또한 신체 규율과 인구 조절의 두 측면은 자본주의 체제에서 자본의 최대 목표인 잉여가치 창출을 위해 활용된다. 고용주 입장에서, 두 측면을 적절히 활용하여 회사의 이익을 최대로 창출해야 하는 것이 목표가 된다. 그런데 인구 조절이라는 후자의 측면에서 자본의 목표는 학생들의 목표와 일치하기도 한다. 왜냐하면 자본주의에서 대부분의 사람들은 연봉이 적은 곳에 취업을 원하지 않기 때문이다. 이것은 소소한 욕망의 문제로 받아들여질 수 있다. 누구든 좋은 조건에서 일하길 원하기 때문에.

문제는 자본의 흔적이 자신의 신체에 부정적으로 새겨질 때이다. 이는 자본의 욕망을 신체 스스로 욕망하는 것을 목표로 한다. 돈이 최고인 천민자본주의적 발상이 여기서 싹튼다. 만일 그런 식의 목표로 둔다면 자본에 의해 경계 지어진 욕망의 지대를 벗어나지 못하기 때문에, 신체의 욕망과 자본의 욕망이 일치하여 계속적으로 흘러간다. 그 흐름의 극한에서 자본의 욕망이 차츰차츰 신체를 파괴시킨다. 이러한 신체는 자본에 길들여져 월 1000만 원을 벌어도, 아니 2000만 원을 벌어도 갈증과 부족함을 느낀다. 얼마를 버는지는 중요하지 않다. 그저 자본의 욕망을 추구할 뿐이다. 이게 자본 권력이 신체를 훈육하는 방식이고, 신체를 향해 생체-권력을 작동하는 방식이다. 결국 자본의 노예가 된 혹은 자본에 훈육이 된 신체는 들뢰즈가 말하는 "암적인 신체(cancerous body)"가 되고, 나아가 부정적인 탈주선을 타게 되어 죽음의 향기를 맛보게 될지도 모른다. 우리 사회에서 이런 일은 자본을 맹목적으로 욕망함으로써 많이 발생하는 일이다.

그럼 어떻게 살아야 하는가? 대안적인 해결책을 내는 것은 쉬운 일이 아니다. 현대사회 체제와 구조를 탈주하여 맥머피처럼 죽음을 당할 수도 없고, 자본주의 체제에서 순응적으로 삶아가기에는 우리의 삶이 너무나 소중하다. 그렇다고 자본 권력이 신체에 새기는 욕망의 흔적으로 신체가 피폐해지면서 자본의 노예로 살아가기에는 우리의 삶이 너무나 아름답다. 그래서 들뢰즈와 푸코처럼 사회 현실을 삐딱하게 봄으로써 현실을 냉철하게 판단하고 인지하는 능력을 가지면서, 부정성으로부터 긍정성을 추구할 필요가 있다. 그 능력을 통해 각각의 주체에 맞는 대안적인 해결책이 나올 수 있고, 각각의 주체가 모여 공동체적인 연대의식을 실천할 수도 있으며, 능동적이고 창의적인 주체로서 재탄생할 수도 있을 것이다.

뱅센느대학에서 이루어진 "한계상황"과 "나는 무엇을 할 수 있는가?"에 대한 들뢰즈의 다음의 강의는 일상의 권력이 우리를 포위하고 포획하는 고단하고 힘든 상황 속에서 능동적이고 창의적인 주체가 되기 위해 필요한 마음가짐으로서 가치가 있을 듯하다.

야스퍼스가 던졌던 테마가 하나 있습니다. 제가 보기엔 매우 심

오한 테마입니다. 그는 상황을 두 가지 유형으로 구분했습니다. 한계상황들, 그리고 단순한 일상적 상황들. 그는 말했지요. "한계상황들은 언제든 우리에게 닥칠 수 있다. 그것은 우리가 예상할 수 없는 바로 그런 상황들이다." 여러분은 뭘 원합니까? 괴로움을 겪지 않은 자, 그건 무슨 뜻일까요? 그는 자신이 버텨낼지 버텨내지 못할지에 대해 아무런 생각이 없는 사람입니다. 정작 필요할 때, 가장 용감한 유형들은 맥없이 무너져버리고, 그 방면에서 형편없을 거라고 생각했던 유형들이 경이롭게도 끝까지 버텨냅니다. 알 수가 없지요. 한계상황이란 정말이지 이런 것입니다. 마지막 순간에, 때로는 너무 늦었다 싶게, 내가 무엇을 할 수 있었는지를 스스로 알게 되는 그런 상황입니다. 좋건 나쁘건 내가 할 수 있었던 것을요. 그러나 우린 그걸 미리 말할 수는 없습니다. 이렇게 말하는 건 너무 쉽죠. "아, 난 결코 그걸 못했을 거야!" 우리는 그러면서 세월을 보냅니다. 그러나 우리가 정말 할 수 있는 것, 우리는 그 옆을 스쳐 갑니다. 너무나 많은 사람들이, 자신이 무엇을 할 수 있었는지를 알지 못한 채 죽고, 그것을 결코 알지 못할 것입니다.(『비물질노동과 다중』 118-119)

들뢰즈의 말대로, 우리는 자신의 능력을 알지 못한 채, 자신의 잠재성을 깨닫지 못한 채 살다가 죽음을 맞이할 수도 있다. 더불어, 기존의 일상의 권력이 그런 능력과 잠재성을 인지하지 못하게 혹은 활용하지 못하게 통제하는지도 알지 못한 채 살아가고 있는지 모르겠다. 이것이 일상의 권력이 우리의 무의식을 잠식하고 관리하는 방식이다.

하지만 우리가 무엇을 할 수 있도록 스스로 알게 되는 그런 상황에서 자신으로부터 무언가를 생산하고 잠자던 자신의 잠재성을 해방시킨다. 이러한 잠재성의 해방은 무한한 능력으로 발산될 수도 있고 무한한 가능성을 열게 할 수도 있다. 또한 그러한 해방은 창조적인 생산적 힘이 발휘되는 장을 열 수도 있다. 이를 통해 속박되지 않는 능동적인 주체로서 스스로 무언가를 생산할 수 있는 능력을 배가시키는 것, 자기와 타인에 대한 배려 속에서 자신을 생산하는 것, 바로 이것이야말로 일상의 보이지 않는 권력에 무의식이 잠식되지 않는 길이지 않겠는가? 아니, 자신과 타인을 사랑하고 배려하는 그러한 자율적인 공동체의 일원이 될 수 있는 길이지 않겠는가?

참고문헌

공봉진 외, 『세계변화 속의 갈등과 분쟁』, 세종, 2008.

김혜영, 『프로이트를 읽는 오전』, 지혜출판사, 2011.

근대영미소설학회, 『영국소설사』, 신아사, 2000.

미셸 푸코, 오생근 역, 『감시와 처벌』, 나남, 2008.

________, 이규현 역, 『광기의 역사』, 민음사, 2003.

________, 이규현 역, 『말과 사물』, 민음사, 2012.

________, 이규현 역, 『성의 역사 1-앎의 의지』, 나남, 2004.

________, 문경자 · 신은영 역, 『성의 역사 2-쾌락의 활용』, 나남, 2004.

________, 이혜숙 · 이영목 역, 『성의 역사 3-자기에의 배려』, 나남, 2004.

________, 홍성민 역, 『임상의학의 탄생』, 이매진, 2006.

________, 이정우 역, 『지식의 고고학』, 민음사, 1992.

로날드 보그, 김승숙 역, 『들뢰즈와 문학』, 동문선, 2006.

__________, 사공일 역, 『들뢰즈와 음악, 회화, 그리고 일반예술』, 동문선, 2009.

루트비히 비트겐슈타인, 이영철 역, 『철학적 탐구』, 책세상, 2006.

사공일, 『들뢰즈와 창조성의 정치학』, 동문선, 2008.

사라 밀스, 임경규 역, 『현재의 역사가 미셸 푸코』, 앨피, 2008.

윤성우, 『들뢰즈-재현의 문제와 다른 철학자들』, 철학과현실사, 2004.

윤효녕 외, 『주체 개념의 비판』, 서울대학교출판부, 2007.

윌리엄 셰익스피어, 최종철 역, 『리어왕』, 민음사, 2005.

________________, 최종철 역, 『햄릿』, 민음사, 1998.

이진경, 『노마디즘 1』, 휴머니스트, 2002.

_____, 『노마디즘 2』, 휴머니스트, 2002.

_____, 『철학과 굴뚝 청소부』, 그린비, 2006.

장시기, 『노자와 들뢰즈의 노마돌로지』, 당대, 2005.

전경갑, 『욕망의 통제와 탈주』, 한길사, 1999.

정형철, 『들뢰즈와 가타리-포스트구조주의와 노매돌로지의 이해』, 세종출판사, 2003.

주디스 슈클라, 사공일 역, 『일상의 악덕』, 나남출판사, 2011.

조정래, 『허수아비 춤』, 문학의문학, 2010.

제인 오스틴, 윤지관 외 역, 『오만과 편견』, 민음사, 2009.

질 들뢰즈, 이정우 역, 『의미의 논리』, 한길사, 2006.

________, 김상환 역, 『차이와 반복』, 민음사, 2004.

________, 카르멜로 베네, 허희정 역, 『중첩』, 동문선, 2005.

________, 안또리오 네그리 외, 『비물질노동과 다중』, 갈무리, 2005.

최진석, 『노자의 목소리로 듣는 도덕경』, 소나무, 2002.

키스 안셀 피어슨, 이정우 역, 『싹트는 생명』, 산해, 2005.

폴 패튼, 백민정 역, 『들뢰즈와 정치』, 태학사, 2005.

황병승, 『트랙과 들판의 별』, 문학과지성사, 2007.

Bogue, Ronald, *Deleuze and Guattari*, Routledge, 1989.

____________, *Deleuze on Literature*, Routledge, 2003.

____________, *Deleuze on Music, Painting, and the Arts*, Routledge, 2003.

Colebrook, Claire, *Gilles Deleuze*, Routledge, 2002.

Deleuze, Gilles, *Essays Critical and Clinical*, Trans. Daniel W. Smith and Michael A. Greco, Minnesota UP, 1997.

____________, *Foucault*, Trans. Seán Hand, Minnesota UP, 1986.

__________, *Francis Bacon: The Logic of Sensation*, Trans. Daniel W. Smith, Minnesota UP, 1997.

__________, *Negotiations: 1972-1990*, Trans. Martin Joughin, Columbia UP, 1995.

__________, *The Logic of Sense*, Trans. Mark Lester, Ed. Constantin V. Boundas, Columbia UP, 1994.

Deleuze, Gilles and Claire Parnet, *Dialogues*, Trans. Huch and Tomlinson and Barbara Habberjam, Columbia UP, 1987.

Deleuze, Gilles and Félix Guattari, *A Thousand Plateaus*, Trans. Brian Massumi, Minnesota UP, 1987.

Eagleton, Terry, *Literary Theory: An Introduction*, Blackwell, 1983.

Hardt, Michael, *Gilles Deleuze: An Apprenticeship in Philosophy*, Minnesota UP, 1993.

Shklar, Judith, *Ordinary Vices*, Harvard UP, 1994.

Sylvester, David, ed., *The Brutality of Fact: Interview with Francis Bacon*, Thames & Hudson, 1987.

천 개의 권력과 일상 **크로스 크리틱 03**

1판 1쇄 발행 2014년 7월 10일
1판 2쇄 발행 2015년 1월 13일

지은이 사공일
펴낸이 강수걸
펴낸곳 산지니
편집장 권경옥
편집 손수경 양아름 문호영
디자인 권문경 박지민
등록 2005년 2월 7일 제14-49호
주소 부산광역시 연제구 법원남로15번길 26 위너스빌딩 203호
전화 051-504-7070 | 팩스 051-507-7543
홈페이지 www.sanzinibook.com
전자우편 sanzini@sanzinibook.com
블로그 http://sanzinibook.tistory.com

ISBN 978-89-6545-257-7 04100
978-89-6545-174-7(세트)

*책값은 뒤표지에 있습니다.
*이 도서의 국립중앙도서관 출판시도서목록(CIP)은 e-CIP 홈페이지
(http://www.nl.go.kr/ecip)에서 이용하실 수 있습니다. (CIP 제어번호: CIP2014018669)